阳光教室系列
YANGGUANG JIAOSHI XILIE

U0625283

谢淑贤 ○ 著

有效与
家长沟通
70式

YOUXIAO YU JIAZHANG
GOUTONG 70 SHI

四川教育出版社

图书在版编目(CIP)数据

有效与家长沟通 70 式/谢淑贤著. —成都:四川教育出版社,2013.7
(阳光教室系列)(2021 重印)
ISBN 978－7－5408－6331－9

Ⅰ.有… Ⅱ.谢… Ⅲ.①中小学—家长工作(教育)
Ⅳ.①G636

中国版本图书馆 CIP 数据核字(2013)第 136412 号

责任编辑 吴 婷
装帧设计 毕 生
责任印制 陈 庆 杨 军
出版发行 四川教育出版社
　　　　　地　　址　成都市黄荆路 2 号
　　　　　邮政编码　610225
　　　　　网　　址　www.chuanjiaoshe.com
印　　刷　三河市明华印务有限公司
制　　作　成都完美科技有限责任公司
版　　次　2014 年 4 月第 1 版
印　　次　2021 年 6 月第 3 次印刷
成品规格　155mm×218mm
印　　张　10.5
书　　号　ISBN 978－7－5408－6331－9
定　　价　32.00 元

如发现印装质量问题,请与本社联系。电话:(028)86259359
营销电话:(028)86259605　邮购电话:(028)86259605
编辑部电话:(028)86259381

总序

近年来，香港的学校，在不少教室中，长年累月是阴霾密布，充满着幽暗与郁闷，了无生气。

许多孩子厌恶上学，视为畏途。于是旷课、逃学或干脆辍学。至于肯回校上课的，不少是度日如年，无心向学而行为顽劣，结果是学习成效低下。老师不少亦厌恶和害怕上课的，他们自嘲为"四等"或"五等"教师，而教学成效恶劣，是极其自然的结果。为什么会有这些现象？背后是些什么原因？问题可以解决吗？还是学校生活根本就是如此灰暗可怕？我的回答是："不，这绝对不是必然的。"相反地，我们在不少学校中，每天可以看到教师和学生都含着盈盈笑意在教导和学习。在融洽亲切的智慧和心意交流中，课堂中充溢着阳光，亦即宝贵的生命之光。

同样是学校教育，为什么会出现如此截然不同的景象呢？"阳光教室系列"的创议和出版，正是回应上述种种问题。近年来学生问题出现恶化的现象，由于问题的根源复杂，不可单靠学校教育来解决。但我们深信，学校和教师，在青少年儿童的成长历程中，始终扮演着重要的角色。"阳光教室系列"的作者们尝试以教育和辅导的理论为基础，从学生、教师、家长等不同角度来探索种种课题和困难。他们带出一个重要的信念：教育工作的确是日益艰困；不过，倘若我们在留意课程、教学法、学校设备和校政之外，还为被忽略的"人"这一元素重新定位的话，教育仍然是有成效的。

"阳光教室系列"是一个上佳的名称。植物需要阳光才能长大。孩子在学校中，同样需要一个人性化而温暖的环境，才能有效和快乐地学习和成长。但遗憾的是，学校越来越像工厂的生产，而教育工作者有时居然会忘记了自己和学生都是有血有肉的人。

十年前，我的一位学生决定离开已任教七年的学校。她感慨地对我说："除了人与人的疏离和争斗之外，最近学校宣布，从下半年起，学生成绩册上的操行等第和评语，将一概由电脑处理。教师不必、亦无权过问。"她在许多教师雀跃于工作减轻的同时，只感觉到学校非人性化的环境越来越冰冷。十年后的今天，学校的科技设施有了更大的改进，可是教育工作者是否真的能善用科技？抑或会因此导致更多教育的危机？

事实已一再显示，当教育工作者视学校如工厂，忘记了教育是尊贵的人的事业时，很容易会偏离了正轨。"阳光教室系列"基本上没有什么"新意"，只是在作者们平实的表达和有理有情的笔触中，大家会发现三种教育最基本的理念：首先是"诚"，包括了教师对自己和对学生的一份诚意。其次是"信"，是对每一个学生独特性的尊重和接纳。第三是"心"，是指教师对教育工作的热爱和投入。总括以上三点，其实就是一种崇高而庄严的教育爱。

喜见"阳光教室系列"的出版，亦高兴于列位富有经验和学养的教育工作者参与这一项很有意义的工作。闭目遐想，我看见在阳光洒满一地的教室中，教师带着微笑兴致勃勃地带领着学生在研习。在学生充满好奇、盼望和兴趣的眼神中和偶尔迸发出的呐喊和笑声中，我欣然看到了跳跃的生命，也看到了生命与生命的交流。我深信此过程促进了生命的茁壮成长——包括了莘莘学子和春风化雨的良师，大家一同经历成长的满足和喜乐。

林孟平
（香港中文大学教育学院心理辅导学教授）

再版序

　　香港辅导算是个年轻的行业，在中学里全面推行辅导或社会工作，只有20多年，能够一校一社工更是2000年9月的事。事实上，心理学、社会学、辅导学的兴起，也是顺应社会的转变：从亲切的农村生活，转变为日渐疏离的工业年代，随着科技、资讯的发达，人仿佛只需学会与机器打交道，便无往而不利，经济的发展，也令人只顾眼前的利益和机会，不断盲目地追寻。

　　然而人的心灵深处，渴求的仍然是爱，是人与人之间真诚、互重、互信的关系。即使你得到全世界，若无人与你分享，又有何意义可言？辅导注重的就是人与人的关系、沟通，辅导就是谈"情"说"爱"，协助现代忙碌、孤单的人们，重拾自己的感觉、对人的感觉，重建生命中最宝贵的人与人之间的心灵交流。

　　亲子之间需要关爱和分享，师生之间需要互重和沟通，老师与学生家长之间也需要互信和交流。这三边的关系越是融洽、紧密，未来的社会就越有希望。

　　本书多从实况出发，也提及不少沟通的技巧，但必须重申的是，人与人之间最重要的还是那颗心。即使我们说错了话，错过了时机，若能让对方感受到我们内心的诚意和开放的态度，一切仍可重新再来。因此，不要只着眼于那些具体的方法，而要多反思，整理自己对人对事固有的看法；当我们能从多方面去了解每个人、每件事，所发现的将会更丰富，人与人之间的良好关系就有赖于这份真诚、尊重和接纳来维系。

3

回想起来，最先感动我的辅导理论是罗杰斯（Carl Rogers）的"当事人中心治疗法"。在辅导过程中，罗杰斯并不多言，但在他简短回应中所传达的关心、尊重和深层的了解，足以令当事人有如遇到知己的感觉，亦令木讷的我得到极大的鼓励：原来要当一位好的辅导员，不一定要是一位能言善辩的人。往后接触到沙维亚（Virginia Satir）的"沟通模式家庭治疗法"，让我进一步加深对人的潜能的体会和对人性的尊重；明了人与人沟通中，有各种不同的因素影响着讯息的传递和接收；也认识到人与家庭深远的互动关系。近年来，多探讨寻解导向或称"精要家庭治疗法"，发觉燕素·金·柏（Insoo Kim Berg）对人的信念与罗杰斯很接近，而她提供的一些开放式的沟通方法，正好把人本辅导理论具体地落实下来，很有参考价值。

　　我必须感谢当我作为学校社会工作员及学校社会工作督导主任时，与我共事的各位校长、老师、家长和同学；还有香港基督教女青年会学校社会工作组内，我的一群互助互爱的同事，以及带领各项训练时参与课程的各位社工同学、辅导老师；还有我在香港中文大学念社会工作系相交多年、努力不懈的老师和同学。你们至真的体会和至诚的努力，就是本书内的真材实料，我只是权当编写的角色而已。再者，必须感谢香港中文大学教育学院教授林孟平博士和心理辅导硕士班各位亲爱的同学，感谢香港理工大学应用社会科学系助理教授何会成博士。你们不但帮助我体验到辅导的真谛和力量，更协助我改变了自己的生命，令我有信心继续以生命去影响生命。最后，要感谢陈瑞汉校长和叶秀华校长于百忙中抽空写书评，感谢家人对我无限的支持。没有你们，便没有这本书。很荣幸这本书可以再版，让我知道在香港仍有不少老师和家长渴望加强相互间的联系和合作。

　　各位老师，我们面前的使命，仿似愚公移山，然而最冷漠的社会正充满最饥渴的心灵，让我们一起迈步，也盼望收到你们的回响（shukin@ywca. org. hk），一起共勉！

谢淑贤

目录

V 迂回曲折

VI 人生百态

I 未雨绸缪

第一个印象

好的开始，是成功的一半。

　　家庭与学校是青少年健康成长的两大重要支柱。相信许多老师都会同意"问题学生来自问题家庭"这句话。老师若要协助一名学生，能得到家长的了解与配合，必定事半功倍。

　　然而，约见家长已是愈来愈难的一件事。且看各种新增的家庭种类：单亲家庭——只有父或母与孩子在一起；假单亲家庭——父或母要一周、一月或一季才回家一次；混合家庭——后父或后母加上半兄弟姐妹；隔代家庭——祖父或祖母与孙儿在一起；课余真空家庭——放学后，下午三时至晚上九时，孩子完全独立自主，等等。

　　即使简单如一个核心家庭，双职工父母，要约见家长也不是易事。家长可能不愿请假半天到校，那会牺牲了一个月的勤工奖；也可能觉得电话知会即可，不必面谈；还可能无法联络得上，电话不接，短信不回。

　　因此，约见家长的黄金机会是在入学之初。不少学校的统计数字皆显示新生报到日家长的出席率高达八九成，而这个出席率是往后的家长活动所无法达到的。

　　这是千载难逢的机会，聪明的老师必定不会掉以轻心，应费尽心思地去建立这良好的第一印象。

个人反省

* 作为老师，你会如何安排这与家长的第一次约见？
* 作为家长，你期望孩子升入中学时的迎新日会有什么内容？

具体实践

* 从通告、路标、场地布置，到接待的学生代表、整个程序的安排、资料的派发，都须细心关注，务求令每位家长都感到这是一所认真的、有理想的、井井有条的、有计划的好学校。
* 请传达一个清晰的信息：我们乐意与各位家长并肩携手，把孩子栽培成材。
* 要介绍的重要内容，包括谁是班主任、联络班主任的电话号码和方便通电话的时间等。

你的补充

中一迎新日以外

持续努力，才能开花结果。

很多学校都要举办中一迎新日活动，不少都是学生与家长一并邀请的。学生参与分班测试时，家长便听讲座。在教师、学生、家长相互感到陌生时，大家都乐意多了解对方。

有些学校会继续把握这黄金档期，在开学后一至两个月举办另一次家长聚会。内容包括播放学生在校学习及活动时的录像片段，让家长更具体地了解学生在校的生活；还有以班分组，由班主任带领参会者分享学生在校在家的表现，解答家长对学校运作情况的疑虑等。这些持续的努力，把老师与家长的关系更推进一步，双方有更多的默契，共同关注年青一代的成长。

有些学校还会为中二至中七的学生及家长分别举办迎新日活动。的确，每当学生升或留一班，其实是另一阶段成长的开始。有新的老师、新的同学，还有更深的课程、更大的挑战。中二是危险的一年，违规犯事的学生最多。中三是抉择的一年，升读原校的学生要选科，升不到原校的则要另谋他就。中四是尴尬的一年，要适应初中与高中课程的差异和衔接。中五是考验的一年，面临公开考试的挑战。中六是活跃的一年，课外活动多于以前。中七又是考验加抉择的一年。

你学生的家长有多少曾经念过中学？他们对学生在这些阶段的不同需要了解多少？即使学校不举办中一以外班级的迎新日活动，你亦应考虑在学期初，召集你主管那班的家长与学生，一同为进入新的阶段作好心理准备，共同拟订符合实际的措施，一起面对，一起成长。这样，学生、家长、老师这三者的关系便会加深一层。

个人反省

* 在过去一年你所任教的班级里，是否有些普遍现象，让你觉得若能在学期初作出提醒，情况便会不同？
* 你是否考虑为即将任教班级和即将共同生活一年的学生与家长共同做一些预防或预备工作？

具体实践

* 即使不是每升一级都举办一个迎新日活动，也值得把中二、中三合并办，中四、中五合并办，安排学期前的聚会。升学选科、择业选工、课程的转变、成长的适应、流行事物的冲击等，要交流的话题多着哩！

你的补充

择 吉日、吉时

知己知彼，百战百胜。

　　有些幸运的学校，大多数是学生成绩较好的一类，办家长日从不必忧虑出席率。无论何日何时，家长们都尽力争取与老师交流的宝贵机会；因为老师教务繁重，要照顾每班四十多名学生，可不是时刻找得到的，找到时也不是一定有时间与你倾谈的。

　　另一方面，有些忙碌的家长，也是神龙见首不见尾的，无从追踪，无法预约，就算与他预约了也可能临时有事不能来的。

　　与其要求双职工父母请假到校，倒不如选择一个方便家长的日子和时间，省得家长在经历痛苦挣扎和衡量后，终于还是选择了不到校。为了因应家长的需要，不少学校选择工余日子，还要是非赛马时段，如星期一至星期五的晚上（星期三除外）、星期六和星期日等。

　　为了对老师公平一点，有些学校则选择星期一至星期五的上课时间，遇上有困难的家长，再酌情改约工余时间。其实，若要照顾老师，仍可用周末白天或晚上举行家长日会或夜会，起码让爸妈们少个借口不出席；只要在翌日上课日停课一天，让老师有机会喘息一下，相信家长们亦能体谅。

个人反省

* 你学校的家长日定在什么日子、什么时间？若从家长的角度来考虑，这个日子和时间合适吗？

* 若从老师的角度来考虑，这个日子和时间合适吗？有什么需要改良的？

具体实践

* 为了双方往后的愉快合作，在这些细节上多为对方想想，有助于消除双方的隔膜和障碍。

你的补充

开学夜的奇想

在问题未出现时，心平气和地约法三章，是最好的预防。

九月一日开学日的程序，可否在晚间进行，并邀请家长参与呢？很多时候，迎新日只能把整个学校的大致情况介绍给学生及家长知道；实际上，每班的全年概况，都要等到九月一日才明朗。

究竟哪几位老师将照顾中一甲班同学各科的学习呢？哪些是中文科上学期和下学期的学习范围呢？体育课学生要预备运动服吗？午膳和课外活动适宜怎样安排？家长如何知道学校的进度以进行配合？等等。

如果开学日能在晚间进行，各科老师与学生、家长见面，并简述所任教科目的情况和对学生的期望，这样亲身的接触，老师与家长双方有了直接的沟通，也就相互承诺了在未来一学年的合作。

在学生的眼中，见到一群关心自己成长的长辈，为了自己的益处，孜孜不倦，交流协调，大部分的学生会深深感动，发奋图强，以报亲恩、师恩。当然，也有小部分学生可能一直认为父母目不识丁，看不起父母，横蛮无礼，但见老师与父母结成联盟，亦会产生顾忌，减少胡作非为；老师对家长所表现的尊重，也会刺激他们检讨自己对父母的态度。

这样，一方面重建家长对管教子女的信心；另一方面由于加强了盟友的力量，将来处理起学生的问题来，便能得心应手。

个人反省

* 去年与学生家长接触时，你有什么难忘的经验？有什么喜悦、什么困难？

* 为了今年有更多的喜悦及不再重蹈覆辙，你会如何把期望用亲切、开放、不亢不卑的方式表达出来？

具体实践

* 一位班主任曾对一群家长说："各位看着孩子成长，对孩子的了解，你们是专家。我任教中一已三年，对于中一生的特性，我也有一点心得。在处理上，若各位发现我有错漏的地方，欢迎直接与我联络。若只是在孩子面前批评和议论，徒令孩子无所适从，而情况亦不能得到改善。"你会向家长说出类似的话吗？

你的补充

家长联络网

提供交流的时空，并适当地引领，使家长联络网这充满潜能的机制，从不可能变成可能。

要把学校与家庭的联系更推进一步，促使家长之间的互助，建立家长联络网是有效的方法，也适宜在开学夜一并进行。

班主任与家长的比例，保守估计为 1∶80。家长中部分会是单亲，部分会牵涉祖父母、后父母，甚至姨妈、舅父等。因此，家长都会非常体谅班主任。在开学夜会，老师讲话、介绍后，是家长互相认识的重要环节。

可以先以住区分成若干小组，然后分组互相交流孩子来自何校或何班，有什么能干的地方，不必只是交流学业上的情况，还有课外活动情况，在体能上如何，与人相处方面又如何等等。每名学生都必有他优良的一面。这样的交流，不单提高了孩子的信心，也帮助家长从积极、正面的角度去欣赏孩子。

谈过孩子，可以进一步谈得真切、实际一点。家长从事什么行业？对学校、孩子有什么期望？这是一次建立关系、胪列资源的好机会。各位家长的专长可否在校内发挥？对学校的期望，哪些可为，哪些不可为？通过这次交流，使构建未来一年的家长联络网有了具体的方向。

各组接着选出一位家长联络主任，作为家长与老师间的桥梁。家长联络网的功能，可以从基本的与学校配合，如家庭作业的核对，到孩子和家长间发展友谊，从而成为家庭朋友。

个人反省

* 遇到被动的或持反对意见的家长，应该如何处理？
* 若无人肯当家长联络主任，又怎么办？

具体实践

* 建立家长联络网的过程必须顺其自然，非强制性，否则便失却意义。
* 从孩子的优点谈起，到家长对学校的期望，有了期望，自然要有实践的方法。
* 有些学校已设电话录音系统，方便各班的家长查询该班当日的功课，若家长已感足够，便不必勉强。家长联络网只是因应需要而生，如只实行开学初的三个月以协助孩子适应，或每月更换一次联络主任以免某位家长过于吃力，任何一种方式，只要是合乎该组家长需要，便可以尝试。

你的补充

同 场加映短片

要办好亲职教育，必须投家长所好。

平常的家长活动中，如何提高家长的出席率，如何充分运用这种机会与家长建立进一步的关系，是不少老师费尽思量的课题。以下有三个成功经验，可作参考。

提高出席率。教师在发出通知后，分别与家长通电话是有效的方法。通知的局限是缺乏人情味，它只是一张每位家长都会收到的通知单而已。接着的电话跟进，正好弥补了这一缺陷，它是专门、诚心、亲身对某位家长的邀请。从家长接到电话时所流露的惊喜及增加的出席率，说明了这种方式的号召力。若有家长联络网，便正是发挥功能的时刻。

另一群有心思的老师，眼见家长活动出席率没有保证，便在所有家长讲座及研讨会增设学生表演。于是，不少家长为了欣赏自己子女的表演，而顺便参加之前内容充实的讲座和研讨会了。

另一个例子是"派发成绩表日"，它能发挥更高的效能。派发成绩表是家长最关心的活动，因此学校常在家长日派发成绩表，让老师可以名正言顺地邀请家长到校，讨论学生的近况。不少学校更加设讲座、录像带播放、展览等，借此良机进行家长教育。

其中一个令人印象深刻的项目，是派发一张简单的问卷给正在等候会见班主任的家长，其中所问的都是有关其子女的情况。这样不但提供丰富的内容在面谈时讨论，更引导家长对孩子、对自己的管教方式作出反省。有些时候，家长见到问卷才发觉自己对孩子不了解，在询问孩子情况以填写问卷的同时，也增进了亲子的沟通。

个人反省

* 你有什么好办法，吸引家长参与学校举办的家长活动？
* 怎样的家长活动，最能提升家长的管教信心和能力？

具体实践

* 学业始终是家长最关心的问题，宜以此吸引家长，可加入下列内容与家长讨论：若要学生学业有成，则品格操守和人际关系不能忽略；而生活习惯、人生目标、对成败的看法，亦绝对影响学生的学习动机，良朋益友更是有效学习的催化剂。
* 要提升家长的管教素质，必须顺应每个家庭的不同境况。因此，让家长自省，自己发现问题的根源，自己找出解决办法，效果最好。老师要做的，是提供一些能够引发家长自省的内容和时机。

你的补充

外 展服务

以退为进，争取首次见面的机会。
以进为退，协议将来联络的方式。

　　有部分的家长，由于实际的困难，例如做生意从早到晚不能离开店铺，亦可能有其他原因而借故不到校与老师见面的，老师对此如何未雨绸缪地进行工作？

　　家长因工作时间极长，不敢或不想与老师相见，其实最有危机。孩子在这样的家庭环境成长，出问题的概率会增加。试想，工作时间这样漫长，孩子与家长的沟通、家长对孩子的照顾都受到很大的局限。如果是因个人或家庭问题避见老师，则问题已严重到影响其正常生活模式，最极端的例子是，不少虐儿个案都是严拒外人介入的。

　　所以，老师要争取尽快与这些家长见面，尽可能及早知道其困难，共同努力，避免更大问题的出现。在发现学生有问题而必须约见家长时，却缺乏开学夜相聚的良好关系基础，双方初相见即要讨论棘手的问题，更易引发抗拒及对立情绪。

　　迟见面，不如早见面。早见面，有利无害；迟见面，可能成"马后炮"。总括而言，要鼓励各位班主任，在开学之初，什么事都还未发生，先与各位家长亲善接触。

* 你遇见过上文所说的这类家长吗？你是如何处理的？
* 若要老师屈就，是否会令家长变本加厉、要求多多，产生不少反效果呢？

具体实践

* 本文提的是首次见面。为避免养成习惯，这第一次会面的其中一项主要话题，就是说明此为权宜之计，若长期实行会对老师有影响，并及时与家长商讨日后保持联络的实际可行方式。
* 经验说明，当老师于百忙中，仍争取与家长有见面沟通的机会，甚至时间、地点都尽量迁就家长时，家长实在无法抗拒。这份热诚，更会赢得家长的信任和合作。

你的补充

过时的家庭探访

了解学生，从家庭开始。

在老师工作量日益繁重、百上加斤的情况下，谈家庭探访仿佛是不合时宜的事。然而，这个古老方法能够流传后世，实在有它宝贵的特点，值得采用。

老师到学生的家，造成的是另一种态势。在那个环境中，家长是主，老师是客；而且家长在熟悉的环境，戒心、防卫意识顿减。在闲话家常中，不但可以建立融洽的关系，而且身临其境，更可明了学生每日所面对的情景，了解家庭对学生的一些有形或无形的影响，以及学生成长的氛围。在教师与家长的交流中，双方对学生都有了更全面的认识，因为不少学生在家与在校的表现会截然不同哩。

家庭探访有它独特的功能，但最大的缺点是它所费的时间很多。早年家庭探访差不多是老师的职责之一，每位班主任都理所当然地去做。最省时的方法，当然是把同一住处的安排在同日探访。那群学生本来就是由小玩到大的玩伴，于是在老师探访了第一家后，便主动带老师到第二家。如是者，到最后一家时，已有五六个同学跟从老师，有如一支队伍。孩子们嘻嘻哈哈地互数长短，家长与老师之间拘谨尽消，就像朋友到访般攀谈。

个人反省

* 百务缠身，你怎有时间家访？

具体实践

* 目前的师生比例和工作量，未必每名学生都可能去家访，然而家访可发挥的功能实不容忽视，不宜早早便放弃这种方式。

* 若只是可能对部分学生进行家访，注意不要令他们产生"为何偏偏选中我"的负面感受。

你的补充

广泛话题

了解一个人，要从多方面入手，才能避免以偏概全。

面见家长其实对老师是个严峻的考验，家长普遍都对孩子在校的表现十分关注，盼望老师有问必答。假如派发成绩表时才是第一次的会面，老师就像是赴试一样，不单要回答各样的问题，更可能被认为不了解学生、被学生表面行为所蒙蔽等等！一个学期过去了，家长期望老师对子女有个详尽的分析。

舒缓这种压力的方法是反客为主，而且愈早进行愈好，如前文提及的开学时家长夜会、家庭探访，或以小组形式约见家长，则形势更为有利。

在这样的时空，老师基于要多搜集资料，以对学生进行最有效的教导，变成了发问者，而且发问的范围不必局限于学业。这样老师将可以带动家长，一起对孩子作一个较全面的认识。

家庭作为学生最早期的栽培场所，家人关系、父母职业和婚姻状况、兄弟姐妹的情况及最能影响学生的其他家庭成员等，都是宝贵的资料。

了解学生的性情、喜恶、优缺点、自我形象、社交生活、余暇活动等，都有助于增进对学生整体情况的了解。

再者，家人对学生的期望、赏罚方法、功课的督促、零用钱的安排等，也对学生有直接的影响。学校的方针，对学生与家长的期望，亦可清楚说明。

个人反省

* 还有什么话题，你认为是重要而必需的?
* 家长的看法与你的观点不同时，该怎样处理?

具体实践

* 小学的资料亦可探讨，尤其要留意学生成绩突变、转校频密的情况。儿童期是否曾由父母以外的人照顾，甚或变换了多名保姆等，更是要提高警觉的资料。学生的自我形象、对人的信任、亲子关系等，都可能因上述情况而受到严重的影响。
* 学生在校与在家的表现不同，是很值得探索的问题。如何互相配合以令良性的行为出现的次数和场合增加，将是老师和家长的共同目标。

你的补充

学生手册的另类用途

文字沟通，能够突破时空的限制，这种古老方法最能传情达意。

学生手册常设有"学校/家庭通讯"栏，但使用率很低。所填内容多为欠交功课、记录缺点。

这栏能成为老师与家长在学期初会面后，延续良好关系的桥梁吗？每周是不可能了，有需要时在某名学生的手册上作一些人与人间的交流，可以吗？

若在会面时了解到学生的父亲正失业，可以在一周、半月后，写上一句："陈先生的工作情况如何？甚念！"家长看到后会有何感觉？

"婉仪近日在课堂上神情疲累，在家有这种情况吗？""可以在下周三下午一时致电学校谈谈吗？"

"负责童军的老师说，志辉在集会时的表现守规矩了很多，除了他的努力外，相信与您在家的配合很有关系。"

"小茵在课堂上谈话的情况，明显有改善！"

"下周六的家长活动，希望您能抽空参加。"最后的这个例子，涉及的工作量太大，可能需要请班上每位同学自行填写，然后由班主任加上亲笔签名。

* 除了通告以外，你曾尝试与家长作过怎样的文字沟通？
* 有什么方法可以保持与家长有人情味的沟通？

具体实践

* 通告是学校作为一个整体对家长这个整体的对话，只要清晰、切题，便可以了。手册的运用，可以实现人与人之间的真诚交流。
* 关心会引发对方的相同回应，在教务繁重的日子里，未尝不是一种鼓舞。
* 只是说明情况，不加分析，有助于双方更客观地去处理问题。
* 写手册的另一好处是受自己控制，可写可不写，可长可短，因应当时有多少时间灵活处理。

你的补充

阳光电话

拨乱归正，扭转乾坤。

学校来电话，多不是好消息。"请问×××的家长在吗?"爸爸接到时可能答:"你等等，我叫他的妈妈来!"仿佛他就不是家长似的。这种电话联系总是报忧非报喜的，对家庭与学校的沟通会产生障碍，对于家庭与学校的关系没有好处。

要扭转这种状况，每位老师先要调整心态，别把注意力太集中于捣蛋的学生身上，更不要集中于这群学生捣蛋的一面。班上优秀的学生同样需要关注，静默的大多数更需要了解。

这也需要全体老师的配合。调皮学生在体育课的成绩可能是最好的，沉静、反应慢的女生可能在家政科的作品是首屈一指的。各科的老师可以把这些讯息告诉家长，让家长对学生有一个公平的评价，也让家长对不同的学科增加认识和减低歧视。

"他科科红色，只有体育科是甲等，这有什么用? 干脆童军也不要当了，专心读书才实际。"每科都有它的价值，每项课外活动都不只是用来打发时间的。负责的老师最明了这些，也最有能力协助家长了解和引导家长观念上的转变。这些对学生及家长的成长，都是重要的。

　　阳光电话的意义就在于留意学生正面的行为，再透过电话把这些阳光讯息告知家长。这除了有助于老师与家长积极、愉快地沟通外，老师、家长对学生的鼓励也将促进学生更多正面行为的产生。

个人反省

* 你负责的是什么学科、哪项课外活动？可以把学生的优良表现尽快告诉家长吗？

* 你试过与家长在电话中谈学生的优点吗？感觉如何？

具体实践

* 阳光电话要打得及时，不要等家长要学生退学时才亡羊补牢。

* 在电话中，你谈及对孩子的欣赏，家长可能一时间不知如何回应，但大家心里都是欢欣舒畅的。

你的补充

双 程家长通讯

双剑合璧，威力无穷。

家长通讯可能是一张通告，也可能是一份数页纸的期刊，通常都是把学校的大事告知家长。内容会谈及学校各方面的成就，以加强家长对学校的信心，也会谈及学校的改革与发展，让家长可以了解、配合。

有些学校会报告去年的家长活动概况，并邀请家长今年踊跃参与。有些学校会论及近期的青少年问题，让家长有所警惕。也有一些学校会把学校社工、辅导老师、训导老师的当值时间列出，方便家长有需要时联络。

还有一些学校的家长通讯带有附件，需要家长回应的。附上的问卷主要询问有关学生课余的生活，包括：学生放学后的活动，是否有成年人陪同，学生学业、社交和在家里的表现等等；亦征询家长会选择何种途径与学校联络；以及请家长向学校提供宝贵的意见等等。这些双向沟通，令家长反省其管教方法，也协助老师更全面地掌握学生课余的情况，鼓励了家长与学校双方的交流、合作。

个人反省

* 你会在问卷里加上什么内容？

* 如何保证问卷的回收率？

具体实践

* 可考虑在长假或考试前一个月发出通知，探讨家长与学生为长假及考试所做

  的准备工作，提醒家长这些都是关键时刻的要事。在问卷的选项中，间接地

  提供各种可行的措施。例如：当子女在学业上遇到难题时，我会

☐　鼓励子女与同学、老师商讨

☐　让子女参加功课辅导班

☐　帮子女购置电子辞典

☐　陪同子女一起寻找答案

☐　其他（请注明）

* 问卷可用校长的名义发出，对于迟交或未交问卷的家长，宜以电话跟进交流，

  这群家长可能正是最需要施以援手的。

你的补充

周会的力量

施比受更为有福。

　　除了家长通讯，周会是另一个以全校形式进行的媒介。各位班主任、科主任老师可以通过手册、电话，与家长进行个别的接触；校长可以发出双程的家长通讯，加强家庭与学校的联系。每位周会的主持人更可以带领全校上下，关注和加强学校与家庭的合作。

　　然而各种形式的沟通，其目的都是要求家长对下一代的成长负责，期望家长付出多一些、更多一些。回想过往，年轻的一代是幸运的一代，他们未经过战争的艰苦岁月，未尝过战后的百废待兴。他们出生的时期，已是经济起飞、安定繁荣的局面。他们生来便拥有一切，仿佛不劳而获。他们可能物质丰富、心灵空虚，更有甚者总是要求别人多于要求自己。

　　在周会里，是否适宜呼吁学生多想想他们在家庭里的角色和责任？对于和谐的家庭生活、温馨的亲子关系，他们应该如何努力？在抱怨父母的不足时，他们自己又曾做过什么呢？

　　家长教育只是家庭教育的一部分，通过老师对学生的影响，可以促进学生贡献家庭，在要求家长与老师配合的同时，老师也要与家长互相呼应。

个人反省

＊在周会上，可以谈些什么来鼓励学生与家长并肩携手，建立美好的家庭？

具体实践

＊可在周会上谈谈学生与家长如何相处，例如：大扫除并不只是妈妈的事。积极、正面的例子：协助照顾生病的父亲；冲突、误解的例子：因母亲查看日记，引起孩子对立。这些都是帮助学生反省的教材。

＊经过老师的这些努力，可能渐渐有学生上台现身说法，那么便更能影响其他同学了。

你的补充

工艺科也可以贡献

任何改变，都必须由自己开始。

每名学生都有家庭，不论是什么类型的家庭；每位老师也都从一个家庭而来，可能也有了自己的家庭。家庭内的人际关系，是互相影响的：父亲不喜欢儿子"顶嘴"，儿子自然也不喜欢父亲的专制；母亲不喜欢女儿不收拾，女儿也自然不喜欢母亲太啰唆。要拥有幸福的家庭，每个人都要付出，若是每个人都肯付出，其他家庭成员亦必有善意的回应。

作为老师，除了公正地反映学生的表现，包括好的、不好的，让家长了解、配合，还应当帮助学生体会父母的爱，体谅父母有时以不当的方式表达他们的爱。

语文科的周记，是很好的沟通机会，课文涉及家庭的机会亦多。美劳、工艺、音乐课都可以运用上，就看每件作品的主题所包含的意义：可以从母亲节的礼物谈到与母亲的关系；可以用《快乐的家庭》的歌词、旋律来感染学生。

不论是什么学科，不少资深的老师都有类似的感受：几十年后学生仍然记得的，不是课文的内容，而是老师这个人，是老师的品格、情操。因此，要促进学生的家庭关系，无论是从家长入手，还是从学生入手，最主要的是我们本身对家庭的态度。

个人反省

* 你认为家庭是重要的吗？

* 你相信每位父母都是关心子女的吗？

* 你觉得中学生在家庭中可以扮演一定的角色，不再是只等人照顾的吗？

具体实践

* 当我们看重家庭，我们才会花心思把家庭教育渗入课程内。当我们相信血脉相连，我们才不怕接触看似无理的父母，才觉得指导学生在家庭中尽一分力，是可行的。

你的补充

得 与失如何计算？

早占先机，所向无敌。

社会进步，不断有更精细的分工。从前教育包含在家庭的功能里，有钱人才可上私塾。私塾的先生都是万能老师，天文地理，无所不晓。知识渐渐发达，每科有了专责的老师；再后来，老师教务繁重，加入驻校社工，专责学生辅导工作。

分工原为更好的合作，让每项重要的工作都有专人负责，理应做得更好，综合起来，便更能帮助下一代健康成长。然而分工后需要合作，可不是容易的事。若每个岗位的人员都只从自己本位去想，不理会其他人的状况，更看不到整体的统一方向；分工而不合作，则会落得支离破碎的惨淡下场。

家庭与学校的合作也很有这样的危险。从家长本位去想：每年有起码七八位以上的老师负责教导孩子，明年又是另一批老师。每位老师任教不止一班，每班又有四十多名学生，他们怎会有空与我谈我的孩子？而且孩子有事，若告知老师，还可能影响老师对他的印象哩。于是，无事不会联络老师，小事不敢劳烦老师，大事又怕产生反效果，还是与老师保持距离好了。

　　老师方面，确实是工作繁忙，要联络家长也有不少疑虑。如有些家长不易找到；有些家长自认无能，把责任推回给老师，谈了等于没谈；有些家长保护子女，替子女圆谎，让老师无从入手；有些家长愿意配合，但又严惩子女，愈帮愈忙。如是者，想起要与家长联络，心中往往患得患失，深感吃力不讨好。

　　家长与教师本来有着共同的目标，由于缺乏沟通和了解，造成不少猜忌和误会。双方在每学年初如果都有见面和交流的机会，认清共同的方向，确定适当的分工、合作的途径，这些做法看似额外费心力，却可以消除双方整学年的疑虑和迷茫。你说所花的时间、精力，究竟是得还是失呢？

个人反省

* 你察觉到类似文中这些分工不合作的现象吗？
* 你有什么促进分工而合作的方法？

具体实践

* 得失要全盘计算。中国人的传统是尊师重道，在家长眼中，老师是可信任而有权威的，只要你愿意先行一步，要拉近与家长的距离并不是难事。

你的补充

全人教育

预防胜于治疗。

教育是全人的，包括德、智、体、群、美各方面，不同的科目，发挥着不同的力量，而且不仅仅是知识方面的力量。各位老师要兼顾的不仅仅是学生对某学科的掌握，而且是通过某学科如何去协助学生整个人的成长。

正因如此，老师要关顾的并不只是那些追不上学习的学生、那些捣蛋的学生。成绩好的学生，可能有朋辈关系方面的困难，也会有家庭问题。除了最好和最顽劣的，还要关心中间那些成绩一般、操行平平、不起眼的大多数学生。

中学阶段是青少年期，也是心理学家所说的风暴期，这是从儿童过渡到成人的尴尬时期。这个阶段的学生知道的不少，但不了解的仍很多；他们想自主，但也需要保护；他们要独立，却不能缺少指引。每名同学都有独特的背景和多方面的潜质，有待老师与家长共同松紧合宜、收放有道地栽培。

集思广益，是老师与家长不断进步、追上时代、追上年轻一代成长步伐的良策。在分享中，各种令人头痛的问题有了新的认识角度；在交流中，相互的管教心得产生了新的出路。

盼望在老师与家长的衷诚分工合作下，每名学生都能把他们的潜能充分发挥出来。

个人反省

* 你留意到成绩好和成绩不好的学生的需要有何不同？
* 在你班内，是否有一部分的学生，你难以说出他们每人的独特之处？

具体实践

* 老师不是书匠，是人匠。有些学生可以用激将法，有些不可以；有些学生喜欢谈功课，有些怕谈。你对这个年纪学生的了解，加上家长对学生自幼以来的认识，足以使你肩负起培育社会未来主人翁的重责。

你的补充

II 家长教师会

百上加斤？

知其不可为而为之。

成立家长教师会，岂不是要老师在繁重的教学上，再添上一个沉重的包袱？再说老师的培训课程里，可没有"如何教导家长做个称职的父母"这一科啊！

除了不知如何"恶补"这方面的知识和实际技巧外，家长教师会的活动可全是在工余时间进行，而且多是在晚上，星期六或星期日等。外行人一直有个错觉，以为老师的假期最多。其实老师们每天朝八晚六，平均工作十小时，还未计算那一堆堆带回家的作业簿批改的时间，假期里出试卷、改卷、备课、补课、带领课外活动的亦不乏其人。还要加上家长教师会，老师自己的家庭生活恐怕也保不住了。

然而，从另一方面想，成立家长教师会已是大势所趋，刻不容缓。学生问题日益严重，穷学校全体员工之力都难以力挽狂澜。多一位家长加入家长教师会，就起码少一位家长与学校猜疑对抗，就多一位家长了解到校方的苦心，就多一位家长开始关注孩子的成长，就多一位家长体验到学校与家庭双管齐下的必要与力量。

家长教师会作为一个常设的组织，可成为家长与家长间的桥梁，让教子心得可以交流并发扬光大；让每位家长都成为学校的宝贵资源；让家长中的律师、医生、文员、水电师傅等各样人才为学校所备用。

个人反省

* 你的学校有家长教师会吗？
* 你对家长教师会的作用有怀疑吗？

具体实践

* 原则上相信没有人会反对成立家长教师会，但实际上心中总有不少的疑虑，加上执行上的困难，令人却步；盼望在以下的篇幅，逐点检视，因为实在一言难尽。

你的补充

家长教育非我责任

"家长学"是需要而且可以教的。

老师没有受过亲子教育的培训，事实上，社会上大部分人都没有学过如何为人父母。中国人的传统是含蓄的，父母爱子之心无微不至，但绝少宣之于口。从前我们从父亲的辛劳工作中，学到勤奋；从母亲的细心照顾里，学到关心。每个孩子都心无旁骛，读得上书的读书，读不上书的工作。

现代社会有太多的诱惑。人人有书读，但不是人人都想寻求知识，充实自己；若要赚钱或出人头地，读书并非唯一的路。这一代孩子活在一个资讯发达的时空，他们随手可得的资讯是远远超乎忙碌的成年人所知道的。要驾驭这新一代，可不是简单的事！何况，成年人还有他们自己的烦恼：他们可能工作不如意，情绪失控，婚姻出现危机等等。

现时的成人教育大部分课程都是为早年失学的一群人而设，如何择偶、如何恋爱、如何适应婚姻生活、怎样为人父母等人生重要课题，并不包括在常规的教育课程里。

对于这群无助的家长，学校是最好的召集人。"可怜天下父母心"，只要学校愿意，"亲子同乐日营"或"管教秘籍讲座"等都能打动家长的心。其实，社区里有心的社会服务机构不少，它们的困难是"如何吸引家长来参与亲职教育活动"。老师可愿做个媒，把家长与服务机构连起来？

个人反省

* 你肯为亲子教育活动的内容与讲员人选伤脑筋吗？

* 你愿意在这个问题上亲力亲为吗？

具体实践

* 学校里最方便的助手是学校社工，他们凭着与家长的接触，不但可以担任讲员，而且可以把社区内的资源引入学校。例如：每区都有家庭生活教育主任，不少青少年中心亦以家长教育为服务青少年的重要媒介，部分先知先觉的团体更结集不同的专才负责亲职教育工作。

* 学校办亲子教育活动，多能一呼百应，因为老师确实有过人的吸引力，每位家长都盼望认识孩子的班主任，都希望知道学生与同龄的孩子比较起来，表现如何。

你的补充

吃力不讨好

万事起头难，起步时老师是吃重的，但目标在将来，家长不但可以成为学校的好拍档，更可以自行组织教子交流班哩。

社区内愿意提供亲职教育的机构事实上并不少，然而万事起头难，全校五十多位老师愿意参与的有多少？愿意在假期中举办活动的又有多少？家长活动的出席率最难掌握，若万事俱备，到时只来了少部分家长，场面冷清，实在令人沮丧。

凡事都不能无中生有，家长教师会更不能说有就有。准备工作是必需的，当双方都有这样的意愿，才能顺水推舟，水到渠成。有些学校从零星的家长活动中，建立起家长和老师的关系，并让家长感受到合作的必要性。然后在家长必须出席的派发成绩表日，进行问卷调查，广征家长对成立家长教师会的意见。同时，每位班主任都在会谈中物色适当的人选，组成第一届理事会。

接着的家长教师会活动，老师不但邀请家长联络网的负责人共同以电话个别鼓励家长参与，更拜托每位参与的家长回家后，将讯息传给居住在他们附近的家长，并约定那位家长下次一起前往。团结就是力量，有了理事会，还需要各位老师和家长的继续努力才会有成果。

＊你担心过家长活动的出席率吗？

＊除了宣传的策略，家长活动还要注意些什么，才能提高出席率？

具体实践

＊若要等待每位老师、每位家长都准备好，才成立家长教师会，成功的机会就很遥远了。凡事总要有一群知其不可为而为之的人当先锋，哪怕只是一小群人，胸怀理想，开始了第一步，这样才可以产生滚雪球的效应。

＊以问卷调查去了解家长所关注的主题、喜爱的形式、有空的时间，造成天时地利之势，加上人和，则大事可成。

你的补充

家长干政?

批评最能促进成长。

老师一方面担心家长对出席家长教师会不积极,另一方面又担心他们太积极了,发展到干预校政的地步,凌驾于校方之上。

就香港的情况而言,家长对学校仍有着浓厚的尊师重道的观念,可能是传统思想的影响,亦可能是已把子女托付给老师,子女的成长有赖老师的心力,所以对老师总是心存恭敬。他们参与家长教师会,多从关怀子女的角度出发,盼望多了解学校的情况,进而对子女提供更佳的协助。

从不少参与家长教师会工作的家长口中透露,他们珍惜的收获是:对学校增加了解后,与子女多了话题。孩子把家长当成学校的一分子,除了主动更多地说学校的事情,也询问家长开会的情况。这样亲子沟通的范围和机会都增加了。

家长与老师熟稔了,体会到老师的辛劳,经常提醒孩子要听老师的话,也深切意识到教育子女不能单靠老师。在筹办活动时,家长搜集了各种有关管教子女的资料,与各位老师、家长交流切磋,得到不少的启发,并增强了兴趣和信心。

退一步来说，家长提出负面的意见和批评，让老师从直接的途径得知，总比家长在学生或其他家长面前批评老师好，因为后者所产生的影响更具破坏性。学生对老师的印象、态度，会因此而改变，更影响学习。最不公平的是，老师一直被蒙在鼓里，无法对情况有个全面的分析和解释。

个人反省

* 你曾担心家长教师会的家长委员中会有保险从业员、政党背景人士或其他别有用心的人吗？

* 你担心学校向家长开放，会导致无止境的投诉和要求吗？

具体实践

* 为防止家长教师会被利用来达致非教育的目的，不妨和家长约法三章，以预防这种情况出现。

* 增加透明度，意味着我们必须对自己的所作所为作清楚的交代。这过程有助于我们进步，包括实质的改善、沟通的技巧和信心的训练。经过检视后，若我们对自己所做的问心无愧，就有信心去聆听不同的意见，及时客观地作出分析，采纳适当的意见并作出改善，对不当的意见亦能妥善回应，以求共同进步。

你的补充

合作无用论

找到共同的目标与范畴，顿然海阔天空。

老师与家长如何合作？老师会想："别人的家事怎好去插手？"家长会想："读书的事，我目不识丁，又能帮多少？"老师和家长各有不同的管辖范围，如何越雷池半步？

孩子的健康成长就是教师与家长合作的主要目标。学校并非只是一个读书的地方，它还是一个让孩子爱上学习、懂得与人相处的地方。课程可能需要修改，让它不要扼杀孩子的求知欲，挫败孩子的成功感；课外活动可能需要加强，让孩子建立自信，学习爱己爱人。最重要的是孩子感受到老师的关怀和尊重。家长不要只看功课的多寡，更要看孩子是否愿意上学、上学是否愉快。老师减少家庭作业，因为已变成课堂作业。孩子迟归，因为他在课外活动中找回自我、找到朋友。这些都需要家长的了解和支持。

"老师啊！我不是不想协助孩子，谁不想子女出人头地？但我没时间，也没这方面的知识。"

"我的话，孩子已不愿听，甚至'顶嘴'哩！"

"这孩子真是'烂泥糊不上墙',我软硬办法都用过,就是不行,我已没指望了!"

这些话的背后是几许无助的呼声。为了孩子,你可愿让家长知道他们的孩子仍大有可为,因为在童军队中表现出色、在辅导班里稳步上进。你将发现灰心的家长突然发觉孩子做家事很勤快、照顾弟妹时是好助手。

认清目标不单令老师与家长找到共通的合作点,在共识中分享,更为双方带来贴心的支持和鼓励。

个人反省

* 家长与你诉说家事时,你可有侵犯别人隐私的沉重的感觉?
* 面对目不识丁的家长,你如何谋求他们的合作?

具体实践

* 有些老师觉得知道别人的家事是一种负担,尤其那些斩不断、理还乱的家庭恩怨。其实很多时候,家长需要的只是一个聆听者,让他们抒泄心中郁结,然后他们又可以重新上路了。
* 谦卑的家长最易相处。他们对老师言听计从,反而我们要小心用词,不要令对方产生误解,以致好心做坏事。

你的补充

家长无才便是德？

以我们的热诚与积极感染每位家长，使其成为我们热诚、积极的拍档。

有时，最受老师欢迎的家长，是子女表现平平稳稳，可以互不往来的家长；而老师最感烦恼的，可能是那些有点见识，事无大小都找老师评理的家长。家长无才便是德，见识少一点，咨询也少一点。在繁重的教学工作里，若每班有四十名学生，班主任哪有余力应付那么多家长的咨询！

然而，多意见的家长恰好是积极敢言的人，你可需要他们天天生活在学校所在的社区里，对内外动态了如指掌，而又愿意费神到校或致电，义不容辞地向你报告各处黑点的情况？"某处有很多监控摄像头，经过时要小心！""昨天超级市场捉到两名偷窃的学生，送警办理！"你会感激他们，并好好运用这些信息去协助学生在社区里健康成长吗？

与家长探究学生经常迟到的原因，对症下药之余，你会欣赏他们与孩子的努力与进步，甚至邀请他们协助记录每名迟到的学生，再与有关的家长进行初步的跟进吗？你会听到他们在电话里向有关的家长说："迟到不单影响孩子的学业，更影响老师与同学的学习哩!""有什么办法可以不迟到，值得想想!"这些话正是你对他们的忠告。

对校规有意见的、对老师处理学生的手法有意见的、对老师的教学方式有意见的家长，都是进取、坦白的家长。他们可能看事物不够全面，说话过于直率，但必会欢迎老师同样真诚、坦率的解释。我们要有开放的胸襟和勇气，去容纳这些不同的意见，并把它们化为具有建设性的动力。

个人反省

* 老师最缺乏的就是时间，到哪儿找时间聆听家长滔滔不绝的社区报告？哪儿有时间去把投诉的家长转化为协助的家长？

具体实践

* 老师忙已是众所周知的事实。你只要清楚地说出限制："对不起，我只可与你谈十分钟。"大多数的家长都能体谅及遵守。

* 聆听与尊重是老师取信于家长的最佳方法，家长有所领会，必会以同等的聆听与尊重去了解你所讲述的内容。

你的补充

学校旅行一举数得

信任从认识开始。

带领学生去旅行，安全是首先要注意的。别人含辛茹苦抚养成人的十多岁的青少年，若在学校旅行时有任何损伤，如何交代？老师的压力不少。

各位家长日忙夜忙，难得有假期，最想睡个日上三竿；还要想想有什么地方带孩子去游玩、交通如何、目的地的情况如何。一大堆未知数，可能让家长放弃游玩。

学校旅行邀请家长参加，安全问题有家长的分担，目的地、交通等安排，有校方统筹，相辅相成，各得其所。

还有，学校旅行制造了家庭互动、老师与家庭互动、家庭与家庭互动的机会。"黄先生，你起炉的手法很熟练啊！""老师，你的脚力也不差！""原来你就是大文的好朋友！""李太，你女儿煲电话粥吗？我那孩子……"活动后的周记内，学生可能写道："老师，在旅行时，我才发现爸爸原来可以这样和我一起玩，回家后我也没从前那么怕他了。""妈妈亲耳听见老师对我的赞赏，她才相信我的话，知道我没有骗她。"

学校组织旅行，可以邀请家长协助，甚至参与筹备，或由家长教师会主办。一个普通的学校旅行，会因此而增添意义，老师、家长、学生可以在另一个环境、另一种心情中，互相再认识。

* 还有什么平常的学校活动可以邀请家长参与，发挥多重功能？
* 如何邀请家长参与？

* 尝试安排其他学校活动让家长参与，如陆运会、水运会、开放日、毕业礼、圣诞联欢、春茗日、迎新日、家长日等，不仅有助于老师与家长联谊，还可让家长现身说法地协助其他家长。
* 家长教师会可以有计划地促进学校与家长的合作，因为合作有赖于双方的信任和投入。

助教又如何？

家长与教师爱下一代之心，无微不至。

与家长认识实在有利可图。互不了解，可能对共同教育学生造成障碍。家长若能互相认识，除了对其子女的成长有帮助，更不妨"幼吾幼以及人之幼"。

每位家长都有他的专长，可举办课余兴趣班，让家长把宝贵的经验传授给下一代。家庭妇女可以讲讲烹饪心得、手工女红等，甚至说说过往办事的心得，也可以让其他的孩子得以分享。

各行各业的家长可以在周会或周六时间，介绍他们工作的行业与社会的关系，帮助学生了解社会各行各业的状况。若不与家长接触，怎会知道某位家长从事护士行业，每天辛劳地为大众服务，还要小心地预防病菌侵入自己的身体？怎会晓得邀请某位任职校长的家长，谈谈他对现今青少年的期望？怎会安排警务界的家长，讲解近日罪案情形和如何避免学生以身试法？

甚至可以邀请一些家长客串一两堂他们熟悉的课。例如：上图书课，由一位任职公立图书馆的家长，介绍如何充分运用图书馆，不是更亲切又权威吗？由一位任职家庭计划指导会的家长来客串两课性教育，又是否可行呢？

　　成立家长教师会，还真的有利可图。当家长了解到老师欠缺了工具，学生欠缺了鼓励，器材和奖学金马上就可以"无中生有"了。家长教师会可汇集的力量和资源，实在是无可限量。

个人反省

* 每个人都是个宝库，但我们应怎样打开呢？

* 家长教师会的真正目标在哪里？

具体实践

* 关系是钥匙，互相认识，互相了解，才能把双方的优点尽情发挥出来。有时家长并未意识到自己是宝库，若让他们体会到自己耳熟能详、司空见惯的资料和实例，足以作为学生的宝贵教材，他们必不吝啬。

* 家长教师会的真正目标，是合家长与教师之力，协助学生健康成长。这一过程中关涉家长与教师不少的交流与付出，不能细数。

你的补充

口碑载道

一分耕耘，一分收获。

　　从第一届家长教师会理事会要千方百计才凑得够人数，发展至今，候选人数目超过职位的数目几倍，难以取舍。家长的踊跃之情，看着亦令全校老师和家长感动。

　　家长不但出席，更万分感激老师于工余仍满足他们的需要；继而体会到自己的不足，不断追求，自发地举办交流会、学习班。这说明，当知晓了家长教师会的动机，家长自会不停地进取。

　　学然后知不足，老师这时可以拥有一批合拍的伙伴了。这拍档可以与老师分工合作，一起分析现时社会情况、学生表现、校规家规如何配合等，共同钻研一个历久常新、影响深远的课题：如何培育孩子健康成长。

　　一批家长成熟了，转眼他们的孩子也毕业了，接班的拍档必须早些物色遴选，否则又由零开始！有了第一批，第二批的难度减低，大家都有了开天辟地的经验，而更重要的是气氛、文化的营造。上届家长的积极、主动、自发、自助，必能感染接班的一批，薪火相传，星星之火就可以愈来愈大了。

一代接一代的家长，就如每年加入的新学生，老师早已熟悉这迎来送往的生涯。令人鼓舞的是，这群成熟了的家长，离开了家长教师会，仍将继续发挥他们的潜能，正如学生离开母校后，仍将所学所得发扬光大，这正是教育最吸引人的地方。

个人反省

＊你任教的学校的家长对家长教师会的选举和活动反应如何？

＊家长教师会的新旧交接期，可曾出现困难？

具体实践

＊自古成功在尝试，不论目前你校的家长教师会发展至什么阶段，盼望你继续努力。全校两千多位家长中，必有你要找的人，而雪球一开始滚动，便不会停止。

＊过渡期要早作准备。若有幸得贤人，便可安心地把一切付托与他们。请牢记，天下无不散之筵席，如何延续，有赖于未散席前所下的功夫。

你的补充

最大阻力

凡事皆有前因。要让学生体验到老师和家长的会面，会带来鼓励与帮助，而不是讥讽和责备，学生也就不会抵触和阻止了。

老师与家长合作，最大的阻力有时来自学生。比如：学校的通告学生未必会传到家长的手中，又或是选在家长最忙的时间递上，告知家长没什么大事，签名便可。学校旅行邀请家长参加，学生立刻兴趣大减，送上通告时会加上一句"别的家长都不去"，或索性代填"不去"。

学生担心的是什么？他们怕父母把他们在家中不好的事告知老师，也怕老师把他们在学校的不当行为告知父母，更怕二者联手对付他们。他们可能认为让老师、父母知道得愈多，只会在责骂时多了旧账去翻、多了例子去证明他们的不是，他们想当然地认为二者谈的一定都是他们的坏表现。

为何学生会有这样的推测？老师与家长接触时，谈的是对学生负面的意见，要求家长加强督促。于是，家长在事后便对学生兴师问罪，严加责备，依遵师命，尽力管教子女。

要学生不担心老师与家长接触，甚至欢迎二者紧密合作，必须有良好的接触后果，让学生见到、听到、体验到。要家长于事后能心平气和，适当地辅助学生，老师的表达方法十分重要，更需要与家长讨论跟进工作，预防家长回家后有不当的处理！

个人反省

＊怎样与家长谈学生的表现，以避免家长反应过激，乃至愈帮愈忙？

具体实践

＊家长怒火中烧的原因，可能因为学生的表现令他们感到丢面子，或因为感到学生的表现实在差劲。这与老师在表达时，是否无意间刺激了家长的管教能力，或完全针对学生的过失而谈，很有关系。

＊教师与家长适当地协商，多是在讨论学生失误的行为时。老师不能贬低学生的人格、不能无视其正面的表现，更不能把问题归咎于父母的管教。会谈的重心要放在如何协助学生改善，改善所需的动力来自学生与家长对自己能力的信心。老师要先预备并有分寸，我们怎可不小心地减低了这方面的正能量？

你的补充

Ⅲ 逼上梁山

不能不见

相见胜于不见。

无论学年开始时，教师有没有安排一些机会与家长建立良好的合作关系，至学年中时，总有些家长是教师必须想尽办法见他们一面的，因为他们的子女在学校已出现了问题，教师必须联合家庭的力量去解决。

若双方曾见面，不论是有过联谊、交谈的机会，或只是迎新日在台上介绍老师，家长远远一见；现在因有事要再见面，老师与家长的疑虑都较少。或在手册上曾有过笔谈，或曾通过电话寒暄，现在要再谈，就更觉自然了。

正因为可能缺乏以上的机会，一旦有事才要见面，有些学校为避免双方的尴尬或节省双方的时间，设计了一些便条，或在手册上另辟一栏，让老师可以把学生的问题以文字告知家长。这本来是个环保的设计，但有时却会带来家长不愿见老师的结果。

有时，学生因为怕父母反应激烈，不惜冒家长签名交回手册，再次犯错。有时，学生竟然害怕得连同手册一起，在附近飞堕黄泉，事情演变得一发不可收拾。手册有幸能顺利地交到家长的手上，家长对事情的掌握和反应，还看他一贯的作风和当日的心情而不同：其处理可能令学生发誓绝不再犯，亦可令学生下次绝不再把手册给家长看。

个人反省

* 哪些事情你会以文字通知家长？哪些事情你会觉得必须约见家长？

* 哪些学生与家长，你觉得约见比用便条或电话更为妥当？

具体实践

* 学生的性格和家长的反应，都是老师考虑是否与家长直接交谈的关键因素。有些学生所犯的过错，虽然老师看来是小事一桩，但可能因从未受罚过，家长因而不能接受子女会犯错，产生激烈的反应。

* 面谈费时，不易处理好，但它保障了讯息的正确传递，亦可了解到家长对事情的反应，更可让学生身边的重要成人——老师和家长，得以对问题有个全面的分析，并共同协商跟进的工作。这样，不但保障了各方面的利益，亦促进了问题的解决。

你的补充

不能不理

不理，不理，还须理。

"迟到了，到校也是罚站一个上午，不如下午才到校。"

"大家吃完午饭，反正下午的课很闷，不如一起到游戏机店玩玩。"

"昨晚玩得真畅快，今早实在要睡一下，晚上叫妈妈写封告假信，明天交给老师便可以了！"

学校里每天发生不少大事小事，若事事都理，老师们可能无时间教学了。

在课室里，有学生吃东西、传纸条、睡觉、看漫画、甚至玩纸牌，只要他们不妨碍老师讲课，也就算了。你不烦我，我也不烦你；若你烦我，送你见训导主任。结果，训导主任不胜负荷，可能要辞职了。

学生的不当行为，处理起来实在不容易。见家长吗？有些家长不服气，可能向教统局投诉，甚至上电视，弄得街知巷闻。还是大事化小，小事化了，多给机会，让学生翻身啊！要多体谅，宽恕学生。

宽松的政策，学生是最快接收到的，大部分学生却会变本加厉，

60

令情况更失控。每天迟到的学生约一百人，如何跟进？某日上实验课时，老师未进门，学生已叫出来："老师等一下，我们打完这回乒乓球赛才上课吧！"当事情进行到另一阶段，更是难以处理，要用更严厉的惩罚了。可是，记了三个大过后，学生还是每天笑眯眯地望着你哩！

事情不能拖了，必须在开始时先发制人，从小处入手，以避免待事情恶化后，无从入手。

个人反省

* 学生常见的问题，如迟到、缺席、上课睡觉等，你校如何处理？
* 你可曾被家长恐吓，说要到教统局或电台投诉？

具体实践

* 若此类学生为数不少，可培训文职同事进行初步的电话跟进，有需要时由班主任跟进。有些家长会嫌学校麻烦，但有事时，同一位家长可能埋怨校方没通知子女的缺席情况。
* 上课睡觉的原因很多，是睡眠不足？睡的程度不够？即使其他同学正在上中一的英文课，若他们能有兴趣做一些小一的英文补充练习，亦不失为积极、上进的学习态度啊！
* 若不是理亏，教师上电台澄清又何妨？

你的补充

时间、地点、人物

与适当的人说适当的话，才不会令"见家长"白费工夫。

这次见家长，真是要讨论学生的不良表现，在电话中，家长仿佛已灵敏地感觉到，总是诸多推搪："我没时间哩，最近很忙。""在电话中谈，还不是一样！"老师都常慨叹，自己愿意付出时间，家长却不一定愿意来。

有位校长说得好，能否成功约见家长，要看你是否坚持！"你的工作实在忙，无法到学校来，不如我到你的办公室去吧，这件事必须与你当面谈谈哩！"家长听了，连忙说："我后天有一点时间，我赶来学校吧。"有位家长为躲避，把所有的通讯地址、电话号码都改了，还好学生仍在上课，老师请学生转告，愿意在家长认为安全的地点见面，家长终于答允了。

除了表现我们想与家长直接交谈的诚意和决心，也要令家长感到这次见面是有意义的。"小明昨天偷了同学的钱包，我们决定记他大过，请你到学校谈谈。"家长听后，心里的反应是：过都记了，还有什么可以谈！口中也就支吾以对，推搪不来了。若我们说："小明昨天被发现拿了同学的钱包，我们正在研究如何处理，因此想请你明天到学校一谈。"家长一听到还未定罪，心里口里都立刻答应来了。

要成功邀请家长到学校来，先要让他们了解到面谈是为了学生好，亦照顾到家长的处境，"见家长"才不会等同于"受辱日"。

个人反省

* 通常见家长时，你会找哪一位？母亲还是父亲呢？

具体实践

* 若老师没有指明，最常出现的会是母亲。然而有时母亲并非家中举足轻重的人物，而她又未必敢把事情转告有影响力的父亲，于是学生的情况继续恶化。

* 有些破碎家庭，学生的监护人是父亲，但实际上父亲经常不在家，学生的日常起居只由祖父母照顾。实际上母亲才是最担心和最关心孩子的人。

* 建议约家长前，先与学生谈。一来让学生了解约见家长的目的，安抚学生的情绪；二来找出家长中最关心、最具影响力的人物。可能不只见一位，但必须见到关键的那一位。

你的补充

知 己知彼

心平气和是成功的开始。

得知子女在校有事发生，老师要与家长谈话，家长的心情有如打翻的五味瓶：孩子的话可信吗？是老师针对孩子吗？我该如何为孩子开脱？还是任由老师责怪一顿算了？到时会是怎样一个场面？不知老师是宽松型还是严厉型？担心、紧张、惊、怒……

老师的心情也不好过：怎样描述学生的不良表现？怎样处理家长那难以预测的反应？他可能恶人先告状，盛气凌人；他可能是黑社会中人，满口粗言秽语；她也可能是个可怜虫，不断诉说她惨绝人寰的身世！他也可能自认无能，觉得"教不严"是"师之惰"。是否需要联同训导老师、辅导老师、副校长、校长等一起见这类家长？

这些忧虑、反应都是人之常情，只是我们以前都没认真想过，因此在见面时，双方都因事前的胡思乱想，而不自觉地摆出自卫的姿态。于是，本来为着学生好，好不容易才安排到的一个难得的磋商机会，便被双方的紧张、顾虑破坏了，气氛转变，局面亦变成互相对立了。

面见家长的第一步，要令双方都松弛下来。

个人反省

* 身为家长，做老师的你可曾因子女的表现而被其老师约见？当时你的心情如何？

* 如何令你自己松弛下来？如何令家长松弛下来？

具体实践

* 身为老师，被孩子的老师约见，可能心情更难堪。"你也是做这行的，怎么孩子……"区区的一句话，便令人无地自容。同样，我们如此熟知情况，仍难免心情忐忑，便可以设身处地想象普通家长的心情了。

* 既然双方都对对方有着这许多的顾虑，最能扭转局面的，莫如我们都把这一切抛诸脑后，把学生的资料重温一次，深呼吸一下，以认识一位新朋友的心情去迎接家长。

* 唯有以从容的态度，才能帮助家长松弛下来。

你的补充

见 面之初

鉴貌辨色，充分运用我们的观察。

见面时，留意家长的神色：可是赶得满头大汗，又没有纸巾擦去？可是衣衫单薄，一进房已打颤，抱手取暖？想过调整温度，奉上清茶，让他心情平复下来吗？

他刚坐下便看表，一脸不耐烦；或眼神不敢接触老师，低垂着头，像只等候被宰的羔羊；或烟视媚行，从衣着已猜到他的职业。这些无声的讯息，都需要回应，让气氛缓和下来："我们也知道张先生的时间紧迫，希望能尽快完成这次会谈，让我们好好把握以下的分秒。""何太，这次小明的问题，我们需要你的协助。""李小姐，大强的问题，需要家庭与学校紧密合作，才可能有转机。"

除了细心观察家长的表现，以决定我们谈话的方式，教师还宜通过自我介绍，让家长感受到对他的尊重和关心。若因事让家长久等了，最好说明原委和表达歉意。介绍自己时，除了说明自己的姓名和身份，可以略为交代你与学生的相处历史，帮助家长认识你，也缩短家长与你之间的距离。"我叫×××，是大为的班主任。大为上中一时，我教他历史。这学年的历史和中文都是我教的，每周见他的机会不少。"

短短的开场白，除了照顾到家长的情绪，更要表明自己的位置，让往后的交谈有个亲切的基础。

个人反省

* 面见家长时，你第一句话会说什么？
* 若在面见家长之前你们曾有接触，你又会说什么？

具体实践

* 非语言的讯息其实比语言的讯息更丰富、更可信。因此，多观察家长的外表、神态、语气，会获取不少有用的资料供我们参考。
* 初相见是搞好关系的时机，所有能把你与家长联系上的事物，都有助于拉近你们的距离，让以后的谈话更融洽。你可以这样说："上次家长日，你谈及对小明英文科的担心，他这次测验已合格哩。"

你的补充

寒暄的焦点

每个人都需要关心，亦会对关心作出回应。

　　老师与家长都是"一寸光阴一寸金"的人，时间宝贵，会谈自然大都是单刀直入，直截了当地谈到学生的问题。但若之前没有互相认识的机会，这样做有些冒险。要是能在入题前先作一点铺垫交流，对后来的工作帮助较大。

　　时间不多，也不宜作无谓的寒暄，教师有两方面可尽量尝试。首先，要对家长传达好意，但是素未谋面，要赞人也是假的，言不由衷，岂不弄巧成拙？然而，有两点是一定不会错的："很高兴你能抽空到学校来。""我能感受到你对孩子的关心。"不少家长三催四请都不肯来，不少家长认为学校处理便够了，对于能亲自到校会谈的家长，我们怎能不由衷表示心中的感动？相信家长亦会相应地感受到老师对孩子的良苦用心。

　　其次，在切入正题之前，尝试着把家长当成一位朋友对待。他们不只是某位学生的家长、监护人，他们也有本身的职业、生活、需要。"黄先生与内地做生意，要离开香港的时间多吧？真不容易。"

"李太一边照顾两个子女，早上还利用空档做兼职，兼顾上有困难吗?""张太日间工作，晚间照顾孩子，职业妇女真不简单。"学历册上的资料，能帮助我们找到合适的话题。

几句关心的话，不但把气氛缓和、关系拉近，更可能引发有用的资料，待一会儿讨论问题时多些参考。

个人反省

* 你面见家长时的开场白是怎样的?
* 家长对你的开场白的反应通常是怎样的?

具体实践

* 每位家长来到学校，都知道是讨论孩子的问题，即是一个谈孩子不是、父母失责的难过时刻，心中可能也准备了自卫的话语，总不能让自己和孩子被别人说得一文不值嘛。老师送上体己的话，反令家长有松懈防卫之心。
* 寒暄的话也不能太多，否则家长会怀疑到说话背后另有目的。然而，适当关怀的话语，有助于家长放松和老师对学生家庭状况增添了解。

你的补充

多面体学生

欲擒故纵。

你可有这样的经验吗？在你说明学生的问题后，家长的回应是：孩子在家中从不如此！"班中同学失窃，后来在小明的书包中搜出，人赃并获，小明自己已承认了。""他从未偷拿过东西，在家中要钱时，一定先问我。这是不可能发生的！"你当时的反应，可能会这样：这位家长不可理喻，像他这样睁着眼说瞎话，怪不得孩子也不老实！如此，本来要与家长共同协助学生改善的热诚，像给泼了一盆冷水，让人不知如何与家长继续讨论下去。

若平心静气地回想，我们也可发现有些学生在学校与在家里的表现确是两个样子的。有些在家里养尊处优，衣来伸手、饭来张口的孩子，在学校里可能是个乐于助人的好学生。有些在学校倔强难驯的学生，在家里却是个体贴病母、照顾弟妹的小当家。同一个人在不同的环境中，常会有不同的表现，相信我们也不难发现自己在朋友面前温言巧语，在敌人面前唇枪舌剑。每个人都会因应不同的情况与人物，有相应的表现，似乎这样才合情合理。

鉴于此，我们应该先多聆听、多了解。"大文在家的表现如何?""你觉得他是个怎样的孩子?""他有过不诚实的表现吗?"

即使谈到问题时，也要多掌握家长的反应。"对于在小明书包里搜出大强的钱包，你的看法如何?""他以前从未如此啊!"

"可能只是初犯，但这样更要小心，不可轻视，以防渐渐变成习惯。"

个人反省

* 你可遇到过不承认孩子会犯错的家长? 你会如何应付?

具体实践

* 我们的目的是要与家长联手，协助学生改过，并不是要与家长辩论孩子是否为"两面人"。所以，千万不要堕入"老师要证明孩子是坏的"，而"家长要证明孩子是好的"这无谓争辩中。

* 先聆听，探讨家长对孩子、对问题的看法，有助于我们把握家长的心态，并引导他们进入合作关系中。

你的补充

常 犯的错误

不要在责任上兜圈子，要全力处理问题。

"小明想过偷东西吗？"

"他在店铺盗窃过吗？""会不会是你们的钱包随意放，他习惯了不问自取？"

"小明有这样的行为，你们作为家长，真要好好想想，到底是什么原因？"

我们都相信找出原因，问题就可以得以解决，因此追根溯源是最重要的。但是这样好意地探讨问题，却会引起几种不良的反应：

家长会感到备受压迫，因为以上的问话等于说：到底是哪里做错了？有前科吗？根源最大可能是在家庭哩！于是，自然的回应就是："会不会有人栽赃嫁祸？""班中的同学顽皮吗？""老师教导学生要妥善保管自己的财物没有？"这是备受攻讦，感到自己的安全受到威胁的自然反击行为。

发展至这种情况，家长感到委屈；老师又觉得家长恶人先告状、无心合作，浪费老师的心血和时间，更觉得一片好心，却换来敌视，还要想办法回答那些尖锐的反击问题。会谈的方向整体地扭歪了，讨论变成互相指摘对方的责任谁较大；双方的敌意增加，只能自卫，而不能再为学生找出什么建设性的解决方法了。

个人反省

* 怎样避免与家长一同陷入这万劫不复之地？
* 寻根究底有助于问题的解决吗？
* 若家长反唇相讥，该怎么办？

具体实践

* 与其列举各种不良的可能成因，不如以开放式的问题了解现况。如："你认为小明为何如此？""他一向对金钱的观念和处理是怎样的？"这些中性的问题，同样可以带领家长去回想问题的成因。成因由他们自己想出、说出，避免漫无边际的猜度，也避免了相互指摘的反效果。
* 关于学生问题的根源，有时家长会说："不知道。"可能他们真的不知，也可能他们不愿透露真相。无论是前者或后者，继续追问，都难有结果；即使逼得家长承认自己管教不严，也只是徒添敌意，对问题的解决没有帮助。何不就事论事，针对学生的行为想办法，而不是周旋于责任的问题上，费时失事。
* 遇上家长把责任归咎于学校，不要推卸："我们每事都小心彻查，避免冤枉好人，会与学生讨论问题的严重性，希望家长也与我们配合，才能有效果。"这样回应家长的怀疑，邀请他们合作。

你的补充

同 心共力

助人自助。

"虽然你想不出是什么原因导致孩子有这样的表现，从小明口中，我们知道他是打算拿了钱去买一个模型。他向你提出过类似的愿望吗？你当时的回应是怎样的？"若从这个角度谈下去，可能牵涉家长对学生零用钱的安排、学生储蓄的习惯、亲子沟通等范畴。

要令家长投入讨论中，不感觉是威胁到自己的尊严，否定了自己一贯的管教方式，老师需要不时地让家长体验到两种讯息：

一、老师与家长有着一个共同的目标。"我们很关心小明的情况，正由于他初犯，我们觉得他改过自新的机会很大。所以，我们特地约你到校一谈，共同研究如何有效地协助他。"

二、双方要体认对方的困难。"养儿育女不是简单的事，尤其现今社会复杂，引诱太多，家长每天为生活奔波，可以照顾孩子的时间很有限。现在有事发生，更需要你加倍留神，细心开导，让孩子重回正轨。"要家长重新发力，就不要强调家长从前所做的不足；反之，要体谅其困难境地，家长才能重新得力。

"每次发生失窃事件，我们都十分痛心，不是因为调查的麻烦，而是担心学生若养成习惯，将影响其一生。我们将尽力与你配合，希望这些事不要再发生。"让家长知道他们并不孤单，老师是关心的，是愿意协助的，是体谅家长、看重学生的。

个人反省

* 你可曾见过家长为此垂头丧气?
* 你可曾听过家长表示无能为力?

具体实践

* 垂头丧气的家长，不会有力量帮助学生；因此，探讨问题时要小心，不要伤了家长的心。他们可能本来已不知如何教养子女，老师不要变本加厉地批评，让他们觉得自己的确一窍不通，除非老师你打算收养他们的孩子。

* 遇到危机，是人最软弱的时刻。家长可能认为自己从前的努力是白费的，孩子已无可救药。凭着你对人的信念，你相信孩子可救吗? 你相信家长有能力帮助孩子吗? 帮助他们相信自己和孩子吧!

你的补充

失败也是宝贵的经验

潜能无限。

　　家长在学生面前，常如斗败的公鸡。如何协助家长重新振作？虽然我们一直都保护他们的自尊，肯定他们的努力，但有子女犯错的家长总难免黯然神伤，既感伤于孩子的表现，亦怀疑自己的能力。

　　此刻，家长想到孩子的优点吗？想到亲子间愉快的日子吗？想到十多年管教生涯中成功的经验吗？想到自己从前如何应对逆境吗？以上种种，都可能帮助家长重新聚力，去面对孩子，面对孩子目前遇到的困难，为其提供了正面的参考。

　　"我一直都教不好他。""他一向都不听我的。"面对这些消沉的话语，你可以尝试继续追问："你从前怎样教他？他的反应是怎样的？""找个最近的事例，讲讲你如何与他说话？他又如何反驳你？"失败乃成功之母，若我们细心分析失败的教训，就不难从中找出失败的原因。只要我们不重蹈覆辙，只要我们尝试一些新的方法，成功的机会便增加了。

　　老师与家长会谈，是两位难得的专家聚首：一位有对同龄青少年的了解，一位具备对孩子从出生到目前的认识，就像双剑合璧，还愁做不到天下无敌吗？

个人反省

* 面对愁眉苦脸、一筹莫展的家长，你会怎样做？

* 当你亦江郎才尽时，怎样协助家长？

具体实践

* 有些家长会因为你振奋的声音、积极的建议、永不放弃的态度而发奋图强。有些家长则需要你聆听的耐心、敏锐的感觉、安稳的语调，让他平复情绪，继续努力。

* 有时你也许有同声一哭的感觉，有苦思无计的时刻，这时，不需要勉强自己。"我暂时也想不到什么方法，你呢？"请注意，是"我""暂时"想不到，不代表你也想不到。若双方都暂时没有方案，那还有时间，何妨分头观察孩子一下，下次再谈如何？

你的补充

❑ 心一致

世上没有不可能的事。

　　鼓励的话可以帮助家长重建对自己、对孩子的信心，但这些话必须是你真心相信的，否则家长不会感受到，亦产生不了积极的效果。

　　心理学家说："人的一生只发挥了天赋潜能的十分之一。"你相信吗？人面临危机的时候，只要有心奋争，会表现出异乎寻常的力量，是危机诱发了这内藏的潜力。你可能听说过，但你认为是真的吗？一个平日专跟老师对抗的学生，你相信有一天他会对某位老师心悦诚服吗？一名无法说出二十六个英文字母的学生，你相信有一天她会英文科及格吗？

　　在学生最弱的一环，期望他们突破自己，不是容易的事，但也不是不可能的事。若尝试从另一方面发掘学生的潜能，让他们有机会发挥自己，建立对自己的信心，开始对自己有所期望，而渐渐促成整个人的转变，则更有不少先例可援引。一名屡劝不改的吸烟学生，在参与课外活动田径训练后，整个人的神采不同了。在代表学校出赛的关头，他主动告诉老师："我要以最佳状态参与赛事，我已一个月没吸烟了！"

上述事例让我们相信转变是有可能的，人是有潜能的！即使最差劲的学生，还是有他们善良和有能力的一面。当我们真诚地告诉家长："不要放弃！"这句话就充满能量。

个人反省

* 有时学生或家长背负着沉重的过去，或长期身处不利的环境，导致他们情绪不稳，无法发挥潜能，怎么办？

* 当我们本身是悲观主义者，怎么办？

具体实践

* 充满伤痛的过去和恶劣的环境，有时不易甚至不能改变，然而，在家长能控制的范围内，重要的是他们面对那不变事实的态度。是认命，还是不甘心？跌倒了是索性坐着，还是爬起来，而且学会如何不再跌倒？改变不了外在的环境时，就改变我们面对困境的心态，可以帮助我们情绪安稳些，也较易找到出路。

* 若你真的认为"三岁定八十"、"人的性格很难改变"之类，似乎你便不适宜做辅导工作。积极地看，若你能超越过往的宿命论，对你未来的人生亦未尝不是一件喜事，你可愿试试？

你的补充

化敌为友

罚得其所，心悦诚服。

在学生犯错、老师要面见家长时，不要未见面已先抱着对抗的心态，一见面便互相攻击对方，维护自己；因为这样不能帮助学生改过，解决问题，反而会破坏老师与家长的关系，令问题进一步恶化。

从互相尊重、体谅出发，把对峙变成合作，这样艰苦经营的良好关系，万万不能因执行校规而把它破坏了。何况，当了解到学生或家长的苦衷，有时真不忍处罚学生。于是，训导老师对辅导老师的印象，就是永远偏袒学生、偏袒家长，只看个人、不顾整体，只会做好人、毫无原则！

其实，心理辅导不是全无原则的。心理辅导需要协助学生面对现实，若只从学生的特殊情况考虑，每次都给予通融，只会助长学生的不良行为，并不是真正地帮助学生。心理辅导也不是只顾个人的，若学生的行为影响到别人，对他的姑息就是建立在其他学生的苦难之上，这并非正确的辅导之道。

校规是需要的，惩罚也是需要的，关键在这样的处罚，学生与家长是否心服口服，会不会因为对处罚的不理解、不服气，而阳奉阴违，甚至制造对抗，挑战老师。

个人反省

* 如何让家长心甘情愿地同意子女受罚？

具体实践

* 不要让家长觉得老师是为了顾全其他学生而要牺牲他们的子女，否则他们必定力争到底。若我们是真心为他们及其子女好，说清情况，家长应该会较乐意与老师共同设法解决问题。若仍不能解决，转校也未尝不是一个重新开始的机会。

你的补充

Ⅳ 积极意义

人性本善？

没有完全的缺点。

做"人"的工作，不论是帮助学生或是协助家长，信念非常重要。你相信学生可以变好吗？家长可以明理吗？还有，你相信你能在他们的成长过程中，协助他们吗？

信念是无可验证的，但它影响着我们的思想、感情和行为。对学生、家长和对自己的信心，植根于我们对人的信念、对人性的理解。简单地说，对人性的信念可分为四大类：人性本善、本恶、有善有恶和非善非恶。

似乎大多数的人都相信人性有善有恶，或非善非恶。他们认为人天生有善良的特质，但也有不少劣根性；因此，教育的意义就是让善的尽量发扬，恶的尽量制约。赏罚分明，则自然好的一面愈来愈多，不好的一面愈来愈少，天下太平。

相信非善非恶，也就是说，人刚生下来时，犹如一张白纸，后天加上什么颜色，它就变成什么样子。于是，教育的意义更重要了，老师和家长就是孩子的灵魂工程师，孩子的命运就在你们手中！

如若相信人性本恶，那么人是充满丑恶的，须要通过教化，把他们纳入正轨。人基本没有向善的力量，只有为恶的本领，老师和家长像警察一样，要分分秒秒防止孩子犯罪。

从这后三种信念看来，是一个比一个强调外在的控制。从人有善良的一面，到没有善良的一面，到只有丑恶的一面，家长与老师是有必要以监管的形式来教育孩子了。

个人反省

* 你抱有的是哪一种信念？
* 你认为哪些是人的劣根性？

具体实践

* 人有劣根性吗？懒惰有它的正面价值吗？若人只会工作，不懂休息，他们可以工作多久？他们的工作品质会下降，他们可能神经衰弱，很快便无法工作了。如此看来，适当的懒惰是需要的。
* 自私是劣根性吗？若人们只会为别人着想，牺牲小我，成全大我，岂不人人皆尧舜！然而不懂爱护自己、保护自己，如何去爱人？如何成长？适量的自私是需要的，充实自己，为自己争取机会，这样才能贡献社会、服务他人啊！

你的补充

有头发，没有人想做"癞痢头"

人性本善，需要爱和希望去培育。

中国文化里对人性本善说得不少，西方的辅导学中相信人性本善的也很多，都相信人天生是善良的，充满潜能的。人会积极向上，很想把内在的潜能发挥出来。人是合群的动物，能体会别人和环境的需要，并作出适宜的抉择。

然而为什么有很多学生不思进取、放弃自己？为什么有很多家长只顾自己，忽略对孩子的教养？为什么有学生会做出伤害同学、伤害自己的行为？为什么有家长会故步自封？

因为在他们的成长中，经历了太多的否定和失败，已经不认识自己，感受不到自己的潜能，对他人和环境都失去了信心。他们的善良本性已为避免再次受伤而消失了。

没有学生不想成绩优异，但过去的经验告诉他们：你不是读书的料，只会徒劳无功！于是，他们想，横竖都是失败，倒不如洒脱地说："我不在乎！若我用功，必定手到擒来，但我不稀罕。"这些话是挡箭牌，别人听了无可奈何，他们自己听了很舒服：我还未尽力，"是不为也，非不能也"。这种自卫本能，帮助他们不致陷于自怜自卑的深渊。表面上风流快活，内心的伤痛，就连自己也感觉不到了。

其实，自毁或损人的行为，亦反映出深层的绝望：我一无所有，生死没有分别；吸毒、贩毒，才能麻醉自己，维持生趣。这些学生没有成功感，得不到认同。"旁人既然认为我无可救药，我一定是糟透了！""不要假好心，我不要你们可怜！"——他们这样想。

个人反省

* 你觉得学生问题的成因是什么？

* 对"不思上进的家长"，你作何解释？

具体实践

* 天下没有一位家长不望子成龙。然而，从前的社会环境较简单，天生天养。孩子都模仿父母，认为谋生是最重要的；也模仿父母以打骂为教养之道。于是这一代的家长，也多以事业为重，奉行"棒下出孝儿"。待他们退休时，才醒觉与子女关系疏离；到子女怀孕或入狱时，才惊觉对子女一点都不了解，这些都是自然的结果。

* 中国人对子女的照顾是一生一世的，有时因不自觉依从了一套自己当年亦反抗的教养方式，有时因为找不到新方法去适应这新时代的子女，在无数失败后，也只好认命：这孩子教不好，或者我无法教好孩子！

* 要发掘出家长的信心和力量，必须让他们感受到：我是好的！我做得到！

你的补充

事 出有因

败絮其外，金玉其中。

老师对自己一定要有信心，相信自己对教育的理想，相信自己对学生的了解，更要相信自己即使未曾为人父母，也有足够能力去帮助家长培育子女成材。

老师要相信家长都拥有善良的人性、爱子之心。他们或被急功近利、追名逐利所蒙蔽，但在老师当头棒喝"你要一百万还是要你的儿子"时，他们会猛然醒觉。他们或已心灰意冷，对子女无欲无求，但当老师坚信孩子还能挽救，他们是拯救孩子唯一的希望时，他们仍会鼓其余勇，奋力一试。

老师要相信学生拥有久封的良心，借着人间的温暖和希望，可以破茧而出。他们可能顽劣难驯，但这正证明他们仍有余力与环境对抗，仍正透过恶习表露他们不服输的决心。他们可能看来已自我放弃，但这也是一件避免再受伤害的战袍，消极中透着顽强的挣扎：我未败！他们可能拒绝别人的援手，也正因为他们不甘受人怜悯，他们相信自己仍站得住，仍未倒下。

我们需要将这些无形的信念化作有形的力量，帮助我们坚持下去。久封的心不易打开，蒙尘的爱难以寻觅；不少学生、家长都从经验中学习了防卫，不让支离破碎的心灵再受伤。他们对自己没有信心，也对这世界没有信心，也不相信有人会真心爱护他们、帮助他们。我们需要坚强的信念，消除他们的猜忌与怀疑，才能到达他们善良的心灵深处；否则，我们只会看到他们的自暴自弃和抗拒，并会怀疑人真的性本善。

个人反省

* 想想一个令你头痛的学生，他的行为有积极的意义吗？

* 试想一位令你愁肠百结的家长，他的行为有无可理解之处？

* 一名上课时经常谈话、骚扰同学的学生，他是否无法跟得上课程？而那些调皮的行为是否是他令自己清醒、保持生趣的法子？

具体实践

* 对各种建议都不愿一试的家长，是否想设法让老师知道：他们十分沮丧，对孩子不存有任何希望，因此毫无动力去尝试？

* 我们可以对症下药，而不是硬要家长遵从我们认为可行的方法。

你的补充

人 在江湖

穿上他的鞋，才能了解他的感觉。

上课谈话不但妨碍自己学习，更妨碍同学学习，实在是损人而不利己的行为；若人性本善，理应及早改过，重新做人啊！若老师从以上的角度去分析，自然会把学生叫来，提醒他上课谈话的不良影响，劝谕他改过自新。

然而对学生而言，他上课时根本听不懂老师讲课，闲极无聊，如何打发时间到放学？上课谈话娱己又娱人，渐渐已变成他每天早上按时起床、继续上学的动力！老师的劝谕，他不是不明白，只是搔不到他的痒处，自然会"意见点头、行为照旧"了。

为人父母，对于自己的下一代，自然是关怀备至的；为何看着子女的学行每况愈下，居然袖手旁观？老师想：可能是不得其法，让我把书本上、经验上的教养之道，介绍一下吧。

颓丧的家长，对孩子的表现痛心失望之余，还要聆听老师建议的金科玉律，仿佛自己从未尝试去教好子女，还未付出足够的心力。老师啊！家家有本难念的经，你可知道我家的困难？你可了解我的心情和曾付出的努力？

每个人都生活在一个个复杂的系统中，因果都不再是简单直线型的了。一个现象可能由多种因素形成，而且互为因果，循环演变，形成千丝万缕、纠缠不清的状态。因此，要能对症下药，我们要从当事人的角度去观察、理解现象，而不是从我们的角度。当我们愿意聆听、了解家长的心声时，家长才会接受我们的心声。由此，家长也就学会了如何从孩子的角度去聆听、了解孩子的心声，从而提供适当的协助。

个人反省

* 对于上文中提到的孩子，应如何对症下药？

* 要联络上文中孩子的家长，谈话重点应在哪儿？

具体实践

* 在学生的感觉里，上课谈话是愉快的。老师向他分析上课谈话的不良后果，他可以理解到；但他的身心都抗议他停止上课谈话。他需要上课时有适合自己学习程度的练习可做，以打发时间，并总结成功经验。还有，就是有何种其他方法，去继续他娱人娱己的本领和乐趣？

* 学生或家长过往的经历，我们是不知道的。要能了解他们的思路，唯一的方法就是用心聆听他们诉说自己的故事、自己的挣扎、自己对问题的理解和自己对解决方法的构思。解铃还须系铃人嘛！

你的补充

适当二分

把良好的动机和不当的表达方法，适当地二分，有助于良好动机的继续发展和不当方式的逐渐消减。

在逻辑学上有"不当二分"，就是指把事情错误地简单化了，非黑即白，完全漠视中间那大片灰色的部分。每个人的行为，是多重思虑的结果；母亲骂儿子，可能因为他的行为不当，要提醒他；可能因为自己心中有气，要借题发泄出来；可能因为怕丈夫责怪，而先发制人；可能因为她童年亦曾有类似错误，她不自觉地模仿了她父亲对她的处理方法；也可能是见邻家陈太看到了，要表现家教严厉；也可能是以上几个因素或全部因素的联合使然。

当老师看到学生身受严母苛责之苦，自尊和自信难以建立，自然希望家长改变管教的方法，以减轻学生的压力。然而要家长转变惯用的手法，不宜直斥其非。改变需要动力，更需要有信心，家长从一个熟悉的境地，进入一个未知的境地。若直斥其非，等于告诉家长："你从前的方法不管用，而且会产生反效果，不要再这样做了！"家长一贯的努力受到否定，她的信心也受到打击，她怎会愿意尝试新方法？她恐怕只会盲目地否定新方法，以维护自己的尊严了，更何况新方法还未掌握到哩。

　　要促进转变，必须小心保护家长在教养子女方面的信心和动力，还要帮助他们在熟悉的范围里找出新方法。不当的行为也有其正面的意义，抓住家长积极的动机，寻求其他较适当的方式去表达，家长的动力和信心就都增强了。

个人反省

* 你曾因为让家长改变教养方式而碰得一鼻子灰吗？
* 你怎样诱发家长的动机和信心？

具体实践

* 否定家长原用的方法，并要求他们改变，结果不但家长没有改变，而且他们来见你的热诚都减退了。
* 家长骂孩子的动机中，其中有一项是积极的，就是孩子行为不当，要提醒他。要让这点积极的动机发挥更大的力量，就要给予认同。来自老师的认同，对家长是很大的鼓励。"陈太，你很关心孩子，能留意到他的表现，而且不会姑息他，要他学会正确地待人处事。"重点在关心，在协助孩子学习正确行为。这样，不但增强了家长对自己的信心，也有助于后来的谈话可以逐步找出其他关心和教导的方法。
* 植根于家长现有的模式，易于发掘家长的潜能。

你的补充

打破防卫

己之所欲，要施于人。

要是有人批评我们的教学方法有问题，相信我们自然的反应就是反驳对方：你的教学方法如何？你怎知我的教学方法有问题？你懂得教学方法吗？这些自卫的本能是天赋的，也是每个人赖以生存的本能。若别人攻击你，而你不懂得保护自己，岂不任人鱼肉，永不超生？

你会接受怎样的意见？若有人表示对你很有信心，了解你对教育的理想和努力，然后，再提醒你某些方法可能会引起副作用，请你留心。你可会较易接受？

人同此心，心同此理。我们的目的是希望家长掌握对孩子有利的管教方法，故我们必须找到他们善良、积极的一面，然后好好地进行引导。

充满挫折感的家长，听到老师叙述孩子的另一个小过失，不会令他们再次奋发，他们已习惯了这一模式，听惯了老师的教训，知道愈早答允老师的要求，可以愈快离开这伤心地。假如有一日，家长听见老师说："黄先生，我很欣赏你的耐心和毅力，虽然小强屡次犯错，今次已是这学期的第五次见家长，但你仍然依约前来，没有放弃。小强有位这样的父亲，真是幸运！"他起初会感到很错愕，但相信你所说的每一个字，他都听到心里去。离开学校时，他一定心情轻松，雄心百倍，决心要把孩子教好！

　　找出家长善良、积极的一面，表达真诚的认同和欣赏，能够燃起家长心中的信心和力量，同时也是个良好的示范。失败中的孩子，需要的也是这些。

个人反省

* 回想一下，你会听谁的意见？听怎样的意见？

具体实践

* 一个真正关心你的人，即使他表达得不好，直接说出你的错处，你还是会接受的。因此，良好的关系、互相的信任很重要。若你与某位家长熟稔，说话便可以直接些。

* 有赞有弹的意见，较易接受。只赞不弹的意见，可能反会引起家长的追问："不要只是赞扬，还有什么要告诉我的？"当家长这样问的时候，你便可以放心表达了。时机也是重要的。有些话早一点讲会被对方顶回来，迟一点却被全盘接受，须要我们好好把握时机。

* 关系、表达、时机的掌握，就看我们能否设身处地，从家长的角度去体会了。

你的补充

在 接纳中成长

接纳并不是姑息。

事实说明，人要在接纳中才能成长，才能真正地成长，发自内心地成长。用外力去强迫一个人改变、成长，将遇到很大的阻力，往往徒劳无功；即使对方最终屈服，带着怨愤尝试你的方法，效果必不会好。甚或对方最终被你说服，乐意照你的建议实行，并且得到成功，你成为他心目中的英雄、专家，到头来，他会全心全意依赖你，再遇困难时，还请你继续指点、帮忙到底。

要真正帮助一个人，不是给他鱼吃，而是教他钓鱼。然而，在这助人自助的过程中，却需要老师万分的克制。

遇到心灰意冷的家长，老师即时的反应就是：快振作，你再不振作，孩子便没救了。回心一想，第一次见面就这样说，不知他受得了吗？受不了时，回家把孩子毒打一顿或痛骂一通；以后，孩子对于老师要见家长，简直闻风丧胆，家长听到老师的电话，只想立即挂断。这样的结果，与我们的期望背道而驰，实在是自取灭亡。

老师应小心地观察家长的情绪，从交谈中，了解家长的性格和他与孩子的关系；再估计他对孩子犯错的反应，以决定用何种方式去说明问题。面对家长可能对孩子的不当处理，话到嘴边，若不到时机，还是硬生生地吞回去为好。有时为了达致理想的效果，我们应控制自己的情绪，温婉而谈。

可是，太过谨慎，有时又会与良机失之交臂，兜了几个圈子都入不到正题，真是白费心机，家长也摸不着头脑。沉不住气的老师，在辅导过程中会碰钉子；缺乏勇气的，又会一事无成。

个人反省

* 与家长交流如何做到收放自如？
* 会谈不久，你便自觉有真知灼见，找到了问题的症结，但仍未摸清家长的脾性，这时你如何抉择？

具体实践

* 在与家长谈话的过程中，的确需要老师高度警觉，不要让自己不成熟的分析和建议冲口而出，阻碍了家长自发自学。可是，也不必矫枉过正，变成无言以对。
* 欣赏的话不妨直说，愈清晰，愈能增强家长的能量。
* 不肯定的话，可以用个人观点或别人经验作引子，试探家长的反应："我突然有个念头，不知你认为如何？""曾有家长经常打儿子，但事后总是心中歉疚不已……"

你的补充

牛 不喝水

没有人可以改变任何人，除非那人也感到需要改变。

　　牛不喝水，便不能令牛低头；牛需要喝水时，自然就会低头了，不用旁人淘神费力。

　　老师与家长合作也一样，若不能体会家长的需要，只从自己的分析出发，就像收音机里两个不同的频道，互相都收听不到对方的讯息；要寻求合作，更是缘木求鱼。若能找出家长饥渴之处，家长便自然会乐于合作。

　　有时我们觉得家长冥顽不灵，可能我们才是冥顽不灵，没有设法去了解家长的景况哩。"何太，小英每天都没精打采的，功课又交不齐，这样对她的学习和成长都有很大的影响，你明白吗?"从老师的角度，觉得只要家长明白这些事的重要性，就应该会好好照顾孩子，于是细心解说："这阶段不认真学习，将来脱节了，更难追得上，而且发育时期，若睡眠不足，对身体有害处呢!"但见家长唯唯诺诺，老师以为已把讯息顺利传达。

　　一个月后，毫无进展，于是再次约见家长："何太，上次我们已谈得很清楚，怎么小英依然故我？"家长低垂着头，良久，轻轻地说："她爸爸每晚九时才下班，看电视就是他唯一的娱乐了，也不好禁止他；但孩子就爱陪她爸看电视到深夜。"原来，这不是亲子照顾的问题，而是夫妻相处、沟通的问题。

与家长讨论时，切忌一厢情愿地教诲，以专家身份去分析、找解决办法；唯有家长才知道事情的原委与可行的解决方案。

个人反省

*从家长的角度来看，觉得孩子的行为一点儿都不是问题，家里也容许这样做。你应该怎么办？

具体实践

*国有国法，家有家规，学生一日仍在你校上课，你当然可以强制他们遵守校规，否则他们可以选择转校。然而，也可以从家长的角度多设想：既然这不是问题，问题仅在于学校经常为此事召见家长，家长感到不胜其烦。他们渴望达到的目标，可能是以后不用经常被老师召见，并愿意为此而动脑筋想想解决方法。只要他们愿意想办法去解决，不论是为孩子好，还是为了不用被老师烦，都已达到我们的目标了。

你的补充

金 刚箍

无微不至的爱，有时也会产生反效果。

不少家长全心全意为子女，什么都供应最好的给孩子，每天陪孩子做作业、温习功课，可以想得到的、可以做得到的，他们都为孩子做了。然而孩子还是出了问题。

冷眼旁观，过分的照顾造成孩子的压力，令孩子窒息。试想想每分每秒都有人在你身旁，提示你这样那样，你说每句话、做每个动作，都有人给你意见，指示你正确的方法，简直像坐牢一样！此外，这样的贴身照顾，妨碍了孩子的发展空间，令孩子无法自由地尽展所长。

"爱"变成"害"，明眼人都知道这些家长需要学会放手，让孩子找回自己。然而，很多时候，这些用心良苦的家长都坚持不肯放手。他们说："我们这样严加看管，孩子尚且如此；若放手，岂不更一落千丈？"孩子疲倦了，窒息了，他们管得更利害，恶性循环，孩子永不"超生"。

这些家长的饥渴点在哪里？他们为了孩子，贡献了毕生的精力，忘记了自己。看到孩子的失败，他们感到沮丧，再叫他们放手，他们更感到一无所有。假如我们换个方法表达："张太，看着你多年来把时间、精力都放在孩子身上，真是非常难得，现今能这样全心全意为子女的家长实在不多。孩子非常需要你的照顾，然而这是一项艰巨而漫长的任务，你也要给自己一些空间和时间，休息、充电，让你能更有力量，把孩子照顾得更好。"

若家长能多些体察自己的需要，他们也必然感到自己已疲累不堪、身心乏力；我们顺应他们的感受，提出合乎他们思路的建议。虽然本质上仍是间接地暗示他们放手，但言辞间与他们一心为子女的方向配合一致。

个人反省

* 你遇到过这些愈帮愈忙、好心做笨事的家长吗？
* 你怎样帮助他们？

具体实践

* 要能引起这些家长的共鸣，对于他们的良好动机不懈的努力和永不放弃的态度，必须表示欣赏和认同。然后，与他们一起探讨这其中所遇到的困难，尤其是要帮助他们体会孩子的感觉和他们自己的感受，因为这些都是在他们成就大业的目标和过程中，被忽略甚或牺牲了的部分。这正是问题的关键所在。

你的补充

薪火相传

若能对症下药，其实是十年树木，一年树人。

很多老师都感到学习与家长合作，所得的往往比付出的多。在与家长的交谈中，我们了解到为人父母的艰难。这为我们自己作为家长或将为人父母，提供了很好的反省和学习。我们从不同的家长身上，学习了不少家庭里相处、沟通、分工、合作的方式。这些分享，扩宽了我们的视野，开拓了我们的胸襟，令我们更愿意聆听其他家长的衷曲，更能接纳同一件事可以有不同的分析和不同的处理办法。这些反省，让我们更有能力去帮助学生健康成长，帮助不同的家庭互相分享、互相学习，这样可以帮助自己更懂得如何为人父母。

我们的教养方式，是上一代遗传下来的，而在不断地与家长的交流反思中，我们为下一代预备了良好的模范。学生们能在快乐、健康的家庭中成长，他们也能学习到那种接纳、体谅、有原则、是非分明、有情有理的待人处事方法。

透过学校与家庭合作，我们在摸索中，寻求打骂以外的亲子相处方式，这样不但处理了即时的困难，更翻开了亲子关系新的一页。这些转变，既丰富了老师和家长的经验，也将代代相传，令明天更美好！

个人反省

* 在家长工作中，你有什么心得体会？

* 你认同"十年树木，百年树人"吗？

* 做"人"的工作，回应是很即时的。你的每句话，能否说到家长的心里？

具体实践

* 除了不能缺少时间上的投资外，在与家长的沟通、合作里，若能进入家长的内心世界，你会惊觉不少家庭发展的新趋势：太空家庭、单亲家庭、三亲家庭（包二奶）等，令人慨叹，也为下一代的命运担心、挂虑。

* 最宝贵的，你将发现人在困境中并不是那么容易被击倒，你将看到人性的坚强和那无穷的潜在力量。

* 能否与家长有真诚的沟通，你即时便能知道，只不过我们有时自大妄为，不反省自己，反而责怪家长拒绝帮助罢了。

你的补充

V 迂回曲折

执迷不悟

提醒"百弹"学生的家长，全面的否定只会打击信心、扼杀进步，孩子需要的是建设性的意见。

你可曾遇到过一些家长，他们很愿意与老师合作，每次见面都滔滔不绝，诉说孩子的难管，诉说自己的辛劳，甚至积劳成疾的苦况。他们可以把事情详细地描述，一件一件，没完没了，仿佛从来没人可倾诉，借此难得的机会便倾情相告，而且重复又重复，生怕老师不明白、不体谅。

抒发有治疗的作用，不少家长在宣泄情绪、叙述问题过后，不但觉得对事情有了新的分析、新的启示，情绪上豁然开朗，仿佛也多了空间去处理问题。

但是，也有些家长只是惯性地重复心中的不满，孩子的罪名一大串，愈讲愈气，这样对孩子、对家长都产生不到正面的作用。

面对这样的家长，我们要尝试引导他们从另一角度去想："你期望孩子怎样?""孩子怎样做时，你会知道他正开始改变?""你认为理想的情况是怎样的?"很多时候，家长会无言以对。他们从未试过从正面的角度去想，从未认真想过自己要求的是什么，会不会太过分了，只知道不断地埋怨。于是，孩子无论怎样做，都不合他们的心意。孩子看电视时，被骂懒惰；孩子拿起书本，又被嘲笑是假装勤奋。孩子不帮忙做家务，被批评为好吃懒做；尝试帮忙时，又被埋怨为碍手碍脚。

为免家长沉迷于自己的悲惨世界，为救孩子于无所适从的景况，请引导家长谈谈他们心中何谓"美满"的情景。

个人反省

* 你会怎样应付这些执迷不悟的家长？

具体实践

* 尝试引领家长从积极的角度去思考，不一定成功，他们很快会回到自己熟悉的话题。我们一方面要聆听他们的心声，另一方面要留意分辨这是否已变成他们的惯性模式。
* 新角度的引入，须要不断地尝试与坚持，要以不同的问话，探索他们真正想要的是什么。

你的补充

成功景象

有具体、实际的目标，才会有成功。

　　有时，我们会绕着问题转圈，怨天尤人，却不去想：我们期望情况变成怎样？如何才可以令情况变得和我们期望的较接近？

　　要改变现状，是不容易的，除了处理上的不容易，更是心态上的不容易。很多时候，虽然怨声载道，但压根儿没有人想过要如何改变、要变成什么样。

　　"你希望小明变成怎样？""唉，他改不了的了。"这是常遇到的答案。"假如有奇迹出现，小明的问题解决了，你将会见到一个怎样的小明？""怎会有奇迹！我无法想象这样的假设。"家长可能会继续诉说他对小明的失望。"如果在我们双方的努力下，一个月后小明开始有转变，你想他会是怎样的？""他会自动自觉地做功课！"正面景况终于出现了。自古成功在尝试，老师，请不要气馁！

　　"当他自觉地做功课时，你会做什么？""我会从心里笑出来，跟他谈话，在他身边看报纸陪着他。""当你这样做的时候，他的反应会怎样？""他最喜欢我和他谈学校的趣事，也喜欢我陪他。只是若他三催四请都不做功课时，我会把不理他当作惩罚。""爸爸下班知道了，他会怎样做?""他一定乐透了。他可能和孩子一起玩游戏机，以示鼓励。"

要帮助家长从谈问题的不佳模式中走出来，进入谈成功景象的模式，需要多次的尝试，让家长慢慢适应，也帮助家长厘清自己想达到的目标是什么。

个人反省

* 你怎样帮助家长找出他们自己的目标?
* 如何建立有用的目标?

具体实践

* 有些家长的想象力丰富，你可以问他们一些奇特的问题。有些家长的分析力强，你可以直接问他们对孩子的期望。有些家长是务实型，你要尽量在实际的范畴与他们讨论。
* 有些家长拟定的目标太抽象了，暂时是不可能达致的。我们应以一个明确、具体、细小的目标作为开始，成功的机会才较高。

你的补充

营造气氛

若你觉得孩子会上进，那么你以这样的态度对待他，他自然会上进。

除了要帮助家长确定明确、合理、具体的目标，我们还可以与他们多谈成功景象中的某些细节，比如家人的反应、孩子对家人反应的反应等。这样做就像与家长一起在脑海中彩排他们的理想境界。多点积极的思想，多朝正面的方向想，就像把家长脑中有陈旧、负面、悲观的内容的录像带重新编辑，把坏的删去，将好的来回播放。

多谈成功愿景，还有一个作用，就是找出家长和孩子在心平气和、愉快合作时会做的事情。其实家长是知道孩子的喜好的，尤其知道孩子喜欢家长怎样对他；只不过在大家都对对方不满、赌气的时候，便故意做些对方不喜欢的事，或不做那些对方喜欢的事；有时因为气难平，有时以为这样可迫使对方改变。

有了这些正面的资料，我们便可邀请家长去营造这种成功愿景的气氛。在那种母慈子孝的气氛里，大家心平气和，互相沟通，互相支持，还愁孩子不进步？当我们把孩子当成一个好孩子看待，他便会表现得如一个好孩子。

我们每个人都是家庭的一个成员，家庭里的其他成员有转变，我们也潜移默化地会相应地转变，因此家长的不同做法，会导致孩子有不同的反应。找寻目标、营造气氛都能促进转变的产生。

个人反省

＊家长可能要求孩子先有所转变，自己才改变态度对孩子。如何打破这恶性循环？

具体实践

＊有些家长，你可能要以英雄感引诱他。"孩子年纪小，不像你可以看透事情的根源，他的改变全靠你的引领哩。"盼望他愿意承担，先孩子一步。

＊"他未改变，我为何要对他这样好？"面对这类家长，你可能需要化整为零，让他们不知不觉地协助孩子。"当孩子做功课时，你也应该休息一下，看看报纸，松弛松弛，这样做对你和孩子都有好处。"既然他们以自己为重，就从此处入手好了。要能进入家长的逻辑中，他们接受建议的可能性便大了，何况这建议正是他们在构思成功愿景时需要的。

＊有些仿佛在与孩子斗气的家长，更要好好地支持、肯定他们，使他们不必以"斗"赢孩子来建立自己的威信。

你的补充

做 比不做好

禁制无益，积极行动才是出路。

　　由于习惯了谈孩子的问题，在问及家长对前景的展望时，他们大多盼望孩子的不良行为会消失。然而，这不是一个好的目标，也不是一个有建设性的成功愿景。

　　若把孩子的不良行为消失作为目标，仍然是带有灰色消极的意味，显示家长对孩子的希望不大和"不求有功，但求无过"的心态。焦点仍然在问题上，它的消失就是理想境界？负面行为的消失，实行不易，从一周出现七次，减至一周出现三次，本是惊人的成就，但家长仍不会高兴，因为仍有三次嘛。整个确定目标、计算的过程，都是悲观的，也自然出现悲观的结果。即使负面行为真的消失了，还是担心它不知何时重现哩。

　　因此，若家长的期望是问题行为的减少或消失，可以继续追问下去："若小强不沉迷于电视节目，他会做什么？"要找寻替代的正面行为，以抗衡问题行为，然后找寻促进正面行为的机制——家长的反应、孩子的反应、事情的转变、老师的反应等，善加运用。

　　把焦点放在正面行为上，让家长和孩子统计正面行为的增长情况，这过程对孩子本身也是一种鼓励、一个成功。

　　找出可做的正面方案，比不做的负面方案要好，因为它鼓励着家长和孩子的积极合作，抛开过去的"非"，向现今的"是"努力，有心有力地去谋求改变。

个人反省

* 在与家长会谈时，你会着重谈控制孩子的问题行为，还是着重谈增加正面行为的出现？
* 赏惩制度如何与普及教育相配合？

具体实践

* 与家长讨论学生的问题行为时，重点不宜放在问题行为的消失，而宜以增强学生的自信、自尊为轴心，探求如何引领良好的行为，这才是成功之道。例如，要学生不吸烟难，引起学生对运动的兴趣，为保持强健的体格而自动放弃吸烟便不同了。
* 往日的精英教育，学生犯错的人数和次数都很少，因为他们都有一定的成就，懂得自尊、自重；罚站已是奇耻大辱，下次定不敢再犯。现在的普及教育情况是学生的自信下降、犯错概率增加，严刑峻法只能让学生进一步受挫和放弃自己。

你的补充

穷则变，变则通

有效的做多点，无效的另辟蹊径。

每个人的心路历程都不同，要能打开心扉，须找寻合适的钥匙，学生如是，家长亦如是。

部分家长对教养子女的标准感到模糊、矛盾，开始时他们是放任的，让孩子自由发挥嘛！然而这种没有限制、没有指引的自由变为放纵，让孩子的表现很快便到了家长容忍度的边缘。这时，家长发作了，而且一发不可收拾；孩子被吓倒，或更反叛，于是家长觉得孩子没分寸，没自制力，要全面收回自由。双方都已"背水一战"时，杀伤力何其巨大！

老师看到的通常是结果，孩子战败后伤痕累累。约见家长，该如何入手？告诫家长，孩子宜教不宜揍。家长说："老师，你不了解孩子，不揍不听话！"老师不放弃，沿着这方向，加强压力："这样下去，足以构成虐儿的指控！"家长气了："难道明知孩子不对，不教好他吗？"针锋相对，已没有对话的余地，正如在家中的情况，父子都下不了台，只好相拼到底。

其实听家长对第一句话的反应，老师已可感觉到这把钥匙不对，开不了心门：坚持用力再试，徒令匙毁锁歪，更难开启。这把不行，可试另一把啊！不要固执地以同把一钥匙去硬试。"棒下出孝儿，是我们中国的至理名言，效果如何？"家长可能会错愕！不必硬拼，就如开锁一样，要找到合乎家长思路的入手点，若是合用时，你会从回应中感受到那"咔"的开启声！

更重要的就是我们以身作则，示范解决问题的态度；既然棒打无效，就不要把行动升级，而宜把方向重新调校，找出有效之道。

个人反省

* 与家长会谈时，遇到抗拒、阻碍，你会勇往直前，还是悬崖勒马？
* 世上有打开心扉的万能钥匙吗？

具体实践

* 用心聆听、欣赏家长的良好动机，寻找家长心中的理想境界，发掘家长和孩子的长处，建立家长和孩子的信心，都是灌溉家长饥渴心灵的甘露。
* 当家长感到被关心、被了解、被接纳时，他们自然愿意把防卫盔甲卸下，把隐忧和盘托出。
* 心灵之门须要以心去打开。

你的补充

前 功未尽废

一子转，满盘皆不同。

当家长对自己和孩子重燃希望，愿意重新检视现况，寻求不同的处理方法，事情就好办得多了。

"每次他做功课时，总会有休息的时间。他就最爱看电视剧，看一集，无所谓，但他两集三集无止境地追下去，毫无自制，我的火就上来了，有次差点儿把电视机也打破，但不久他又故态复萌!"过往的经验教训，可作参考的地方很多，值得具体探讨。

孩子爱看电视节目，本是很自然的事，可以请家长设想一下自己喜爱的电视节目，怎样可以不看呢? 如果剧集未开播便关机，心中的兴趣未被挑起，要放弃也较容易。

同一道理，在一个剧集的中段，突然终止，正在看的人心中必定满不是味儿，思想也一时难以回到现实，即使被迫坐在书桌前，也是充满怨愤，无心向学，浪费时间。要孩子停止看电视，需要点缓冲的时间，让他有心理准备，才不致影响亲子关系、破坏学习气氛。

因此，时机非常重要，对孩子、对家长都一样。家长要在孩子还心平气和的时候，便说出自己的期望，让孩子有所知觉，更要在自己未发脾气之前，把事情处理妥当。

"大强，看电视的时间也不短了，下次广告时间便关机，继续做功课啦!"这样，孩子有适应的空间，家长也能在仍可自控的情况下，以语言表达意愿，避免了迟一步时的恶言与暴行。

个人反省

＊如何在与家长检视事件的过程中，寻求有效的处理方法?

具体实践

＊有时候在探讨中，已能看出整件事情的端倪，换一个时间，换一种语气，事情便会有转机。

＊不妨请家长讲讲多年来一些成功的例子，说说是哪些因素令孩子言听计从?这些因素又是否可在不同的时空继续应用?

＊家长实在想不出时，可以请家长回家后留心观察，看看孩子在何时、对何人、对何事，会出现家长乐见的反应?

你的补充

事情总有例外

把正面的例外变成习惯。

当家长的着眼点只在那些问题行为时，老师可以引导他们看看：问题行为不出现的时候，孩子正在干什么？家长正在干什么？

一星期有七天，一天有二十四小时，孩子不会每小时都在看电视，每分钟都在打架，每秒钟都在说粗口。休息的时候，若孩子不看电视，他会做什么？朋友相处时，若没有打斗，他们会玩什么？说话时，若没有粗口，他正在说什么？其实这些例外的时刻很多，不过我们的关注点常常只在问题行为罢了。

如果能认真地研究一下问题行为不出现的情况，可能提供不少令问题行为减少的线索。"她不看电视时，会画画，最喜欢画'美少女'。""他们没事时，玩得很好，最喜欢玩'层层叠'。""当他与爸爸谈话时，从不敢说粗口，因为爸爸会立刻掉头不理他。"

画画是比较能自己控制、促进创作力的消闲活动，似乎可以考虑作为电视的替代品。"层层叠"包含手眼协调的锻炼，没有杀伤力的竞争，肯定比打架健康。爸爸是粗口的压制剂，要请他多花点时间陪伴孩子；既然学生看重与人的关系，"掉头不顾"可能是对付粗口的必杀绝技。

寻求例外情况的价值，在于帮助家长从正面方向去看待孩子，找寻解决问题的方法。最重要的是，这些方法都针对孩子曾经出现过的行为，只要多这样做就行了。

个人反省

* 当家长想不到例外情况，怎么办？

具体实践

* 帮助家长寻求例外的情况，帮助他们体会不同的处理，有不同的效果。下面举一个具体的例子："他从未试过自动自觉地做功课，只会自动自觉地看电视。""你怎样处理？""我先是劝他，不听便大声骂他。""效果如何？""他很生气，我也很生气，功课更是胡乱做了便算。""试过其他的方法吗？"家长摇摇头。"你这样关心他，也很看重他的学业，一定尝试过不同的方法去帮助他。"家长沉思良久，说："有一次，我在电视广告时间给他一个眼色，几分钟后，他居然关了电视，回到书桌去。不说起来，也忘记了那一次！"

你的补充

变幻才是永恒

孩子仍未定型，可做的还很多。

　　人有悲欢离合，月有阴晴圆缺，世事本来便是变幻不定的。

　　一时未能发现学生的长处、优点，不要紧，只要我们放下成见，带着诚意，打开心窗，留意观察，一切都会改变的。终会有一天，无心向学的学生，尝试举手回答某个浅易的问题。总有一日，在课室中沉睡的学生，开始认真听讲。忽然一天，顽皮的学生会扶同学一把，避免了同学跌倒。突然一日，经常迟到的学生准时到校。以上就是绝佳的入手点！没有人会长期地完全地放弃自己。人性本善，多点留心，我们就不会错过这些稍纵即逝的美妙种子，帮助它们在学生身上萌芽、茁壮成长。

　　家庭里的规章较学校少，出现这些美丽火花的机会更多，要提醒家长留心在意。有一次，孩子告诉你，他温习了书，不要嘲笑他："你也会温习？"不要怀疑他："你温习？开玩笑！"否则是对他崭新尝试的最大打击。正确对待这些光明点的闪现，是要让它发扬光大："温习了哪一课？""那一课是说什么的？我很想知道哩！"同时，要探问他温习时和温习后的感觉。

要帮助孩子，我们先要让家长有"孩子在转变"的心理准备。孩子仍是在动荡的青少年期，仍在自我界定的关口，而每日发生在他身边的人和事数之不尽，有时一句话、一篇文章、一名谈得来的同学、一件新闻，都可能刺激到他的情绪。

个人反省

* 你能感觉到自己的不定性吗？

* 你能帮助家长多留意学生的另一面吗？

具体实践

* 你每天是同一时间离开家门上班吗？你会每晚循同一路线回家吗？你每日的情绪会一样吗？人未必每天都按同一个模式生活，有些人更蓄意尝试以不同的方式去度过每一天。身边迅速变化的人、事、物，也不容许我们永远一成不变。

* 我们每时每刻都在因应环境、心境而作出相应的反应；孩子如是，家长亦如是。我们怎可以绝对地说："这孩子变不了，救不了！"

你的补充

不要高兴得太快

跨前一大步，回落一小步，是正常的转变过程。

看见学生有良好的表现，关心他的老师和家长都会欣喜若狂，连忙赞赏孩子，鼓励孩子继续努力。但孩子往往又故态复萌，于是老师和家长又失望了。看着老师与家长的颓丧，孩子也自惭形秽、自卑、自疚。

稍有渐进又突然后退，是屡见不鲜的情况。有时候成功引来进一步的要求，对于初尝转变的学生，想到漫漫长路，压力顿增，不自觉地便退回旧日那安逸的避难所。要改变多年的习惯不是一朝一夕的事，心理学家的研究证明，转变的过程不是直线的，而是有起有落、循序渐进的。有一寸的改进，回落一分，奋力再前进一步，可能后退半步，总方向是向上的，但过程有起伏，这才是正常的。

因此，看见孩子开始转变，欣慰之余，我们要帮助他把正面的因素扩散："同学留意到你的转变吗？他们的反应如何？""其他老师觉察到你的转变吗？他们有什么表示？"家长也可以帮助学生反省："尝试了这些改变，你的感觉如何？""对从前的表现，你有何感受？""对现在的情况，你又有何感受？"

要巩固良好的转变，更要预防退步："这样的改变不容易，而未来你可能会遇到一些引诱和考验。""你可能会消沉一段时间，这些都是自然的。""如果有时抵不住诱惑，你会怎么办?"预测失败，彩排失败，也是帮助学生辨别危险讯号，加强信心与力量和再败再战的预防针。

个人反省

* 千辛万苦，与家长同心合力，协助学生，见到寸进，你们的反应是怎样的?

具体实践

* 小小成功会产生足够的原动力，令学生可以一步接一步地向前，但面对间歇性的回落，我们要有心理准备，也要帮助家长、学生体认这是正常的转变过程。

你的补充

做 媒人

将学生转介不是把问题抛走，而是多找个帮手。

老师作为面对学生、家长的最前线的教育工作者，与家庭建立良好的关系，遇事即时处理，所能发挥的作用是最直接而有效的。

然而有时事态严重，或久攻不下、没有进展，与其无从入手、继续僵持或互相放弃，值得考虑转介由另一位同事以另一种角度、手法去尝试。

每个人都有专长，也有其局限。两个人的沟通能否契合，并不一定说明老师的无能或家长的无道。然而这个变阵能否成功，转介的过程有关键性的影响。

"你实在冥顽不灵，我找训导主任和你谈吧！""既然你坚持孩子没有犯错，你向校长解释吧！""你的心理真有点问题，不如与社工谈谈吧！"家长在这样的谈话中被转介，他们去训导主任、校长或社工处时，会抱有什么心态？愿意建立一个合作关系吗？

把家长转介给他人是迫不得已的事，不代表老师放手不理了，不再关心这学生及家长，也不代表家长的不是或不合作；而正是因为关心事情的进展，希望有不同经验和训练的拍档共同合力协助这个家庭。要让家长感到，这次转介是因为看重他们，要运用学校更多的资源去帮助他们。"这件事牵涉的范围很广，为了把事情处理得更妥当，我陪同你去见训导主任，让他也一起参详吧。""经过几次见面，我们谈及不少的问题，其中有部分正是教育心理学家的专长，我想为你预约我们的教育心理学家与你谈谈，好吗?"

与家长妥善交代，甚至陪同他们去见另一位同事，有助于家长顺利适应转介过程。向接受转介生的同事介绍和交流这个家庭的背景、转介的原因及协商往后共同跟进，也是重要的。多沟通，不论是面谈或文字往来，都有助于接手的同事能迅速掌握这个家庭的情况，及你在处理问题时曾遇到的困难，从而对症下药。由于训导主任、辅导主任、副校长、校长、教育心理学家和社工等，多不是平日与这学生、家长有直接接触机会的，故部分的跟进，一定需要与学生朝夕相处的老师来协助，才能进行。

个人反省

*你怎样去决定是否转介某个问题家庭?
*你校惯常的转介程序是怎样的?

具体实践

*有时与同事协商后，发现还是由老师跟进较合宜，但可与上述同事经常保持联系，就处理原则交换意见，这样亦是有效的支援。

你的补充

早 有预谋

要有最佳效果，上下一心、训辅同心都是必要的。

老师在教育最前线，要有最理想的效果，还有赖各方面的支援。支援不一定指转介学生及其家庭，更多时候是指以咨询形式支援，即一同研究问题的处理和策略，执行仍以老师为主，或是有些时候请其他同事短暂介入，然后由老师继续跟进。

这些后盾（指校长及其他部分的教工）适宜善加运用，以发挥最佳的配合效果。校长作为一校之长，是最高权力中心，校长的支持，可产生无形的力量和信心；否则老师、主任对家长严辞厉色，到见校长时，校长轻轻放过，则老师与主任的威信尽失，难以再发挥作用了。校长与教师间有一贯的默契非常重要，然而家长见校长适宜作为最后的一步。其一，校长的话已是结论，没有转弯余地，这最后的王牌不宜过早发出，浪费资源。其二，校长过早地介入，对主事、有心的老师，像是投下不信任票；对于怕事、怯生的老师，又剥夺了锻炼机会。运用后盾，要有适当的策略。

有些学校很能灵活运用不同的后盾，有时后盾作前锋，效果立增。老师会安排学生、家长先见辅导老师或社工，尝试了解当事人及其家人对问题的分析和对处理方法的建议，再交回训导处作最后定夺。又或者在训导老师侦查完毕时，暂缓定案，先请辅导老师或社工介入，再衡量辅导老师或社工的建议才结案。这样，一方面加强了辅导老师或社工继续跟进时的力量，另一方面亦彰显了训导老师情理兼顾的公正。

个人反省

* 家长第一步就直接找校长时，如何处理？

* 当问题并非校内资源可以处理时，怎么办？

具体实践

* 聪明的校长宜暂缓下定论，用心聆听家长一面之词后，告诉家长："我会仔细调查，然后再与你谈谈。"在老师方面，若估计此家长必定心有不甘，有所作为，宜向主任、校长早作备案，让行政人员也有所准备。

* 校外的资源：家庭辅导服务、热线辅导服务、社会保障服务、外展社工服务、青少年综合服务、医务社工服务等，驻校社工都可当作桥梁。

你的补充

VI 人生百态

隐形父母

鼓励隐形父母，做个有形有道的一家之长。

"老师，不要说我曾找你。""不要告诉孩子我曾致电，否则他一定恼死了！"有些父母出于关心、担心，想老师帮助孩子，但又不想孩子知道是他们的主意，悄悄地到校，或在子女未放学前致电，就像干着一件见不得光的事一样。

老师面对这样的家长，有时真是啼笑皆非。如果消息来源要保密，与学生面谈时可能要旁敲侧击，既不得要领，又导致学生疑惑——难为老师缚手缚脚地做"侦探"。然而，家长那份关切之情、对老师的信任与托付，倒是值得欣赏的。在告诉家长处理时有局限的同时，我们都会尽力一试；毕竟我们有时亦会因一些风声，而要在资料来源保密的情况下进行调查。

在与家长商讨老师可以如何协助教育学生之余，更要让家长体会到，没有他们的配合，教育难有成效。家长之谓"家长"，就是一家之长，等同于学校里的一校之长，权力应是至高无上的；而且基于对子女教养的责任，家长需要对子女有合理的知情权和指导权，否则就是失职了。因此，当发现孩子有可疑的情况，家长有权亦有责坦白告诉子女，并要求子女作出合理的解释，家长更须为此作跟进，带领子女走上正途。隐形式的父母卑躬屈膝、委曲求全，需要老师协助他们增强自信心，掌握管教子女的技巧。家长完全有权有责去管教子女，他们的关心和担心都是值得肯定的。他们需要与老师双管齐下，增强与子女沟通的信心和技巧，不要把问题整个交给老师。

个人反省

＊你可曾遇到过家长与学生在家中的地位颠倒，家长怕子女，甚至被子女牵着鼻子走的情况吗？如遇上，你会如何处理？

具体实践

＊子女升入中学，常有的情况是家长觉得自己已无能力管教。子女的书本，他们看不懂；子女的话，明知有疑点，但他们无从反驳。家长自觉无能、无力，子女也就看不起家长，不把事情告诉家长，自以为是，为所欲为。家庭中的权力架构尊卑反转，亲子沟通受控于子女，这样的模式是不健康的。要协助子女健康地成长，家长需要给予子女合理的空间，子女亦需要听从家长合理的指导。

＊子女学识渐多、伶牙俐齿只是能力的假象，要重建家长的信心，必须肯定他们对子女恳切的关怀和细致的观察，而他们丰富的人生经验，正是子女需要学习和尊重的。"凭着你对孩子的关怀，告诉他你担心的现象，要求他作出合理的调整。我们支持你，在教导孩子的过程中，让我们并肩携手，相辅相承。"

谁 是主持？

一人计短，二人计长。

还有些家长来见老师时，老师已察觉他怯懦软弱，对事情没有主见，对老师的建议又不置可否，对问题的处理表现得有心无力，似乎家中的权力在另一人手上。

问及这"关键人物"是谁，家长又表示不能让他知悉事件，否则大祸临头，然而瞒着他，迟早东窗事发，岂不罪加一等？家长和老师都进退维谷。

很欣赏有些学校约见家长，是要求双亲出席的。孩子的问题不是一位家长的事，家庭作为一个整体，无论哪一位有事发生，实应团结一致、互相支持、互相帮助。邀请双亲，免得其中一位推卸责任，令出席的那一位独力承担苦况；此外，也是学校对学生家长表示同样尊重的机会。

坚持要双亲到校，就是要他们共同承担责任。老师可以观察双方的反应，了解双方的关系和家庭里的动力，也可协助调解双方的异同，把互相指责转化为对孩子的关心，把焦点校正在问题解决上。当然，也避免了仅一位家长传话时，会造成的误解、争执甚至隐瞒。

132

家长心中对配偶的印象，完全基于他俩的关系。有时被描述为主观、凶恶的人物，老师见到的可能是一位明理、有力的好拍档。百闻不如一见，老师不要被一方主观的言论左右了直接联络的尝试。

个人反省

* 你校约见家长时，是邀请一位还是两位？
* 面对两位家长时，在处理上要注意些什么？

具体实践

* 当两位家长一同到来时，要给予双方同样的关注和尊重，了解父亲的工作之余，也要体会母亲的辛劳。对孩子的看法，不妨请他们各抒己见，因为每位家长眼中的孩子、其与孩子的关系都不尽相同，从中也可看到家庭里两人的位置，以备寻求解决办法时的参考。对问题的分析和处理，可能两人的见解不尽相同，这就需要去芜存菁，商定一个共识及共同参与的解决方案。能够共同构思，将来共同执行的可能性便增加了。
* 有些家长在配偶面前噤若寒蝉，我们要鼓励他/她发表自己的意见，这可能是其配偶第一次认真地听他/她的分析哩！两人合力，总是比一个人独挑教育重担好。

你的补充

虎 毒不食子

家长有知，孩子无罪。

另一类家长，本身已是黑社会分子，孩子在家中耳濡目染，性格和行为都难免有样学样。

然而接触过这类家长的老师发现，他们一般都反对孩子入黑社会。对于孩子可能恃势行凶，他们也会明白是学校所不容的，也愿意配合学校。有时候他们在校外替子女把事情摆平，也知道采用的是非法手段。当老师提出："你愿意孩子习染黑社会，将来继承衣钵吗?"他们人在江湖，身不由己，但多不赞成孩子重蹈覆辙。所以，当我们以孩子的利益出发，不惧家长的什么来头与其交流，这类家长有时反而更是"深明大义"的一群。

至于家中乌烟瘴气、说粗口、随处可见色情刊物的，孩子濡浸其中自然难以幸免，自然习非成是。可是，家长多具自知之明，只要我们保持对家长的尊重，对其困难的体谅，不难会听见家长承诺把色情刊物藏好，只在洗手间吸烟，或强忍粗口，但恐怕有时说漏了嘴等肺腑之言。

身染恶习的家长，都清楚地知道自己的行为是为世所不容的，他们更不想子女重陷他们那样难以自拔的处境，这就是很有利的切入点。当然，我们必须兼顾家长的自尊，欣赏他们在孩子成长问题上的是非分明，他们才有力量为子女作出对自我的适度的调节。

个人反省

* 你遇到过上文讲述的这类家长吗？与他们面谈的过程如何？
* 倘若遇上不能自救又无力救子女的家长，你又该如何处理呢？

具体实践

* 有能力的家长，虽然误入歧途，但良知未泯，在老师的鼓励下，为子女必尽全力，拯救子女于犯罪边缘。
* 有些吸毒或贩毒的家长，维持日常的生活已成问题，甚至身陷囹圄，则孩子必须学会自救了。亲友们可作支援，社区里也有些"儿童之家"可照顾孩子。然而最重要的，是协助孩子放开家庭的包袱。一人做事一人当，家中有吸毒或曾入狱的家长，与子女的人格、能力无关。子女不必为此而抬不起头，更应自强不息，缔造自己的将来。父母的选择，不代表是他们的选择，孩子是自由自主的。

你的补充

不速之客

霎时冲动，不敢苟同。

有时候，家长会突然来到学校，要拉孩子去报警，或要把孩子带走，这些都令老师措手不及，阵脚大乱。

面对情绪激动的家长，不宜让他们贸然把学生带走。我们必须与家长详谈，让他们的情绪得以宣泄，才能了解事情始末。"他偷去我一千元，我要拉他上警察局！""我与她约法三章，她昨夜居然彻夜不归，让我打死她！""他的妈妈一直不肯让我见儿子，我要带他去深圳玩几天！"

为保障学生的安全，实在不宜在这关头把孩子交给这些怒火中烧的家长。虽然现阶段很难捱，将来家长还是会感谢老师的介入。要帮助家长平复情绪，就要把焦点放在其情绪上。

"你因为她不守诺言，怒不可遏，只因为你担心她的安危。"家长激烈的情绪背后有颗炽热的心。若我们能够分辨出情绪的来由，引导或代替家长说出心中积压的感受，感受得到认同，动机得到体谅，家长的气就易平复了。离异夫妻的争执，也是心中爱子亲子之情被拒绝和被否定而导致"火山爆发"。情绪须要正视，更要从正面去消解。

当气渐平后，才容易讨论解决问题的方法。孩子偷钱，是为了什么？孩子不归，在哪儿过夜？母亲不让父子相见，担心的是什么？与家长仔细分析时，要从孩子的角度去探讨，让家长双方的期望都得到体认；牵涉法律的范围，专业意见更不可缺少。

个人反省

* 你的学校有没有发生过以上的类似情况呢？在危急关头如何处理？谁人来处理呢？

* 当你情绪激动时，你如何令自己冷静下来？你可会做出一些后悔的事吗？

具体实践

* 家长作为学生的监护人，似乎有权决定孩子的一切乃至生死，其实不是这样，因此老师有责任保障学生的安全，不可随便把学生交给一名情绪激动的家长。

* 家长都想要教育好孩子，失望之余情绪走极端，有意气用事的成分，但仍源于一片爱子之心。

* 激烈的情绪须要倾诉才能舒缓，无论是老师、社工、主任或校长都宜小心处理，以保障学生及家长的利益为依归。

你的补充

深明大义？

欲速则不达。

　　有些家长把学生问题分析得头头是道，但自己总是置身事外，毫无参与的动机。他们觉得：这是孩子的问题，不是我的问题，我已尽力，孩子这样，我也无能为力。他们承认孩子的不对，认同老师的困难，觉得这是孩子的性格，他们亦身受其苦，软硬兼施，都不能解决，没办法了。"他就是懒洋洋的，不爱读书，可能天生不是读书的材料，我试过陪他做功课，也试过完全不理他，都没有效果。孩子性格如此，实在管教不好。"

　　当我们相信人性本善，人总有向上的心，我们可能会问："他玩耍时懒吗？吃东西时懒吗？"这可能不是他的性格，而是面对的对象问题。"读书让他有成功感吗？学习是愉快的体验吗？"有时就需要家庭探访，才能了解到为何家长陪伴时，做功课会变成孩子的苦差。

　　然而，大前提是家长是否愿意继续在这事上用心出力？他们是否仍觉得有希望？他们是否相信自己可以对这事产生影响？"虽然经历过多番尝试，但成效都不显著，你是否愿意继续努力？若'10'

代表你仍会全力协助孩子，'1'代表你已心灰意冷，不准备再尝试了，你现在的心情是怎样的？"若答案是"7"，可跟进家长打算用什么方法协助孩子；若答案是"3"，说明家长仍未完全放弃，可了解家长将从哪儿入手。一定要拉家长下"深水"，一位万事无动于衷的家长，是孩子成长的最大障碍。

个人反省

* 若家长接受学生的现况，不认为需要什么改变，你又当如何应对？

* "我不太要求孩子的成绩，我觉得他只要学几个字，懂一点道理，懂得怎样与人相处，将来能做他父亲的帮手便好了。我不期望他升上大学。"家长能看到智性以外的发展，我们能否接纳及欣赏他们的选择？

具体实践

* 如果家长忽略了孩子的潜质和能力，满足于现状，我们应该请他们观察一下孩子的表现，待他们有所发现，才同他们详谈大计。这比指责他们暴殄天物，强迫他们投入更多的心力在孩子身上要好。后者只会适得其反，前者才是引发家长增强动力的方向。

* 不要太前，也不要堕后，要与家长同步前进。

你的补充

息 息相关

任何一点的转变都可以打破那惯性的循环。

　　学生与家长共同生活了十多年，若曾有段时间分开居住，可能有点影响，但每日朝夕相对，家长对孩子的了解应该很透彻，孩子亦对家长认识得很清楚。

　　孩子能感受到家长对自己的态度，是如珠如宝，还是若即若离。孩子知道家长的性格、情绪和处事的作风。妈妈最看重读书，以读书为名，有求必应。爸爸最怕人哭，若被他看见你哭，必招来一身打，他说哭会影响家运。妈妈的话可以不听，她会不断重复，直至你有回应才停止。爸爸的话则不可不理，他不会说第二次，说第二次会招来一个大巴掌。

　　家长以为孩子不听话，觉得孩子不受控制。但请家长留意，孩子不是你说东他便去东，但可能你每次说东，他们都去西。每次叫他们做功课，他们都不愿做；也许不叫他们做功课时，他们反而主动摊开书本学习。

　　我们要帮助家长学习观察事情发生的过程，家长是对孩子有影响力的，孩子也对家长有影响力，二者是息息相关的。要孩子改变，就凭对孩子的了解，家长肯定可以帮上忙。追踪每件事的发展过程，家长不难发现孩子的反应与其行为是紧紧相扣的。

个人反省

* 面对置身事外的家长，你如何请他们跟进？
* 面对无能为力的家长，你如何让他们看到自己的影响力？

具体实践

* "你每次叫他做功课，他都充耳不闻，你会如何反应?"家长对孩子反应的反应，影响着孩子的未来反应。若家长要孩子留心听，在孩子充耳不闻时，可以尝试用其他方式，让孩子知道家长是认真的。
* 不同的处理有不同的后果，能看通这点，家长对自己的影响力有了认识，与老师合作就是顺理成章的事了。
* 每位家长、每个孩子都有不同的性格，应建立起特有的相处模式。无效的模式要详细检讨，找出症结；有效的模式也要多多研究，善加运用。
* 事情发展的过程只要稍作调整，结果往往也就不同了。

你的补充

自 知之明

自知乃是知之始。

　　除了亲子间微妙的互动，家长对孩子的影响，更会于无形中散发。每个人的童年总有些向往或遗憾，于是我们下意识中都不想孩子有这种欠缺，有时我们过分地补偿，有时我们盼望他们代为完成。

　　每位家长都自然地有这样的倾向：当年没书读的、无条件学琴的、没人疼爱的，现在对孩子的学业看得比什么都重；逼孩子学琴，弄得两败俱伤；或尽力给予令孩子窒息的爱。

　　家长的反应多少是自己的缘故而过烈、过偏了。因为那件事在自己心目中的分量，以自己理想的标准来要求孩子，孩子注定失败。不考虑孩子的志趣、能力，提出过高要求，孩子是永远达不到的。

　　孩子不愿读书，是智力不够，缺乏读书方法，还是因为每次写字，家长都不满意，要擦去重写？因为每次测验后，家长都不断提升目标，务求达到一百分？家长可曾留意孩子的感受？可曾反思自己的目标？孩子读书是为了求知还是求分，是为了他自己，还是为了光宗耀祖？

　　家长不宜要求孩子达到一百分，也不宜要求自己做个一百分的
父母，竭尽所能，已然足够。

个人反省

＊有些家长觉得孩子的成败就是自己的成败；有些家长与孩子各自为政，互不
　相干。你认为这样如何？

具体实践

＊家长与孩子是不同的个体，他们都该有自己的空间、自己的方向。话分两头，
　他们又生活于同一屋檐下，有血缘的关系，接受相近的熏陶。成功的父母，
　要了解孩子的需要、理想，又要反省自己童年的未了心愿；传达自己的意愿
　时，要说明是自己的主见，让孩子有发展自我的空间。

＊老师与家长的沟通亦然，我们要了解家长的需要，也要反省自己对家长的反
　应。在表达我们的建议时，说明是我们的见解，容许家长有自由选择的空间。

你的补充

解 铃还须系铃人

先自爱，才能爱人。

父母闹离婚，孩子的成绩一落千丈，情绪突然低落，起伏不定。这是屡见不鲜的事实，足见家长的状况对孩子的影响。

家中的气氛紧张、担忧、无助，孩子是最快觉察到的，别以为不说便不知，孩子是敏感而直觉的，不说更令他们瞎猜，暗自担心。他们知道大人不想提，也就不敢问，但心中的想法却是他人难以改变的。

有些家长心中郁怨，无处发泄，因而喜怒无常，无理取闹，小题大做，这些都会严重影响孩子。他们无法安心、放心，经常要面对家中的突变，表现自然直线下降。

有些家长天天问孩子是跟爸爸还是跟妈妈；在孩子面前诉说配偶的不是，盼望孩子站在自己这一边；对着孩子伤心落泪，等待孩子的安慰等等。这些都超越了孩子能力可处理的范围，让他们惶惶终日周旋于两位至亲之间，心情沉重，噩梦连篇。

更有甚者，把孩子看成绊脚石，阻碍离婚的进行；或归咎孩子是造成夫妻不和的导火线，令孩子自惭、内疚。

要帮助家长体会孩子的心情，正视他们对孩子造成的负面影响。能过这关，家长通常会凄然泪下，愿意向孩子作个明确的解释，让孩子可以从上一代的恩怨中抽身而出，轻松向前。

个人反省

* 遇见这样的学生和家长，你如何处理?

具体实践

* 从与学生的谈话中，我们可以了解到家庭对孩子的影响，然后帮助家长从孩子的角度去体会孩子的伤痛，家长自会醒觉。
* 可鼓励家长约见社工或辅导员，好好处理自己心中的郁结。
* 参加家长组，与其他家长分享所学，同哭同笑，也是舒缓紧张情绪、重新获得动力的办法。
* 家长必须先好好照顾自己，才有余力帮助孩子。

你的补充

知 易行难

自省＋练习＋肯定＝成功

所谓"一贯的作风"，就像录像带，缺乏醒悟时，虽然明知效果不好，但每次事情发生，它都会自动重播，形成恶性的循环。

但是，即使有了醒悟，也不是定会立刻改正的，其中最难的，是家长如何控制自己的情绪。家长虽然明白应该尊重孩子的意愿，了解孩子的感受，循循善诱，做起来却一点儿都不容易。

看见孩子懒洋洋的表现，家长便无名火起三百丈。如何把怒火强压下去，要等待及寻找孩子的正面行为，予以欣赏、肯定，需要莫大的自制与忍耐力！

家长改变自己的初期，孩子未能适应，表现可能更差。家长不可因此而认为方法行不通，放弃继续；反之，更要认清方向，坚持下去，对预期的先跌后升作好准备。

在这个艰苦的过渡期，家长需要支持与肯定、提醒与鼓励，等待"守得云开见月明"的一刻。

* 在孩子的转变过程中，家长对孩子细微变化的了解尤其重要。因为差之毫厘，谬以千里。你应该如何引导家长细心观察孩子的变化？

具体实践

* 赞赏的重点在结果或是在过程，会造成很不同的效果。"这次测验你能获得80分，非常不错，希望你继续，下次有更好的成绩。"这是我们常用的欣赏句，用意是认同孩子的成就，推动他更上一层楼。"这次测验你能获得80分，非常难得，你是如何温习，以至于获得这样的佳绩？"相比之下，这种说法更胜一筹。其一，前者注重的是结果，后者注重的是过程。人的价值是体现在分数上，还是在认真态度、努力精神上？因此，高下立见。其二，前者包含了更高的期望，暗示着此次仍未足够，还须努力，还是有点令人泄气的。后者是纯粹的欣赏，肯定了成绩，探究了取得进步的因素，双方分享了喜悦。学生心里会想：我所做的，令父母喜悦、自己开心，那几个取得进步的法子，不难啊，何不再试一下！把思考的功夫留给孩子，让他从成功的经验中，自己去决定将来的路向，那才是自发地改进动力。

你的补充

问 世间情为何物

人生得一知己，可以化作无穷的力量。

　　老师与家长沟通，即人与人之间的沟通。如果我们日常与人沟通没有多大困难，则与家长的沟通也不用太担心。

　　人与人的沟通有语言的，也有非语言的。语言的我们要听，非语言的我们更要留意。人有时会词不达意，有时会砌词掩饰，我们须要接收各方面的讯息，以核对其准确性。面对闪烁其词的家长、不敢与老师有眼神接触的家长、故事虽动听但总像在说别人的事的家长、聆听过程中一直令人心生疑惑的家长，我们尤其要把眼、耳等各感官接收到的讯息综合起来，才能掌握得更好。

　　沟通中最关键的是言语背后的感受。有些家长很会表达自己的感觉，有些家长的弦外之音要我们细心去体会。若能领悟家长想要表达的思想，以真心回馈给他们，家长一定会因为你明白他们的心而感动，你亦会因心灵的接触而兴奋莫名。

　　人生在世是孤单的，不少人在家里找不到可倾诉的对象，在工作中也找不到一个可信赖的人，甚至配偶也未必是可以交心的人；

一生的甜酸苦辣，都是自己去尝。然而每个人都渴望有知心人，每颗心灵都渴望有共鸣。只要我们放下成见，仔细聆听，便可以与家长互相交心，共同为下一代努力。

个人反省

* 你体验过与人产生心灵交触的感觉吗？
* 人与人的相处，你追求的是什么？

具体实践

* 日常生活中，我们说的话很多，但除了工作上的讨论、应酬式的交谈，能真正谈到心里去的有多少？个人的喜怒哀乐，多是埋藏在内心深处，不会随便告诉别人。
* 我们都需要面对好朋友，时不时把心中积压的负面情绪清理一下。
* 在养儿育女的艰苦过程中，家长其实孤独无援。若在与我们的交谈中，家长觉得自己和孩子被接纳、被肯定，那份喜悦足以产生无穷的力量，支持家长继续努力。
* 家长最需要的不是精辟的分析、独到的意见，而是那份人情味。

你的补充

第一个家与第二个家

优良的家庭教育与学校教育，是未来社会的希望。

　　有人说："家庭是孩子的第一个家，学校是孩子的第二个家。"俗话说："一日为师，终生为父。"家长养儿育女，老师教书育人，家长与老师有不少的共通点。这两个不同空间的家，对孩子的成长有奠基一生的作用。

　　家长把初长成的子女交托到我们的手上，这份责任的重大，实在令人寝食难安。最佳的处理，我认为仍然是邀请家长并肩合作。在学期初，老师已与家长制订共同努力的承诺和方案，而且在学生成长的路上不断地交流，好的和坏的，成功的和失败的，基于双方的互信互谅，都不妨坦诚磋商。

　　现代社会日益发达，也日益复杂。青少年面对的压力和挑战，愈来愈多，应当给予他们妥善的照顾。老师和家长都必须好好照顾自己，保持自己身心健康愉快；再把这份对人性、人生的信念和肯定，带给我们的下一代。

　　前行路途上高低不平，偶或跌倒，不要放弃，让我们做个好模范，告诉孩子：失败不是挫折，是磨炼。失败了，我们共同吸取教训；成功了，我们一同吸取力量。让我们互相肯定，互相鼓励，共同为孩子预备温暖的家、良好的环境，协助他们茁壮成长。

学校与家庭，既分工也合作，共同培养健康、成熟的未来主人翁。

个人反省

* 你的教育理想是什么？
* 你认为学生家长对你有什么期望？

具体实践

* 有人说，不少老师是"教书匠"，他们的目标只是传授知识。一些家长对老师的期望也只是传授知识。然而，在普及教育、精英课程相结合的当下，不少学生未学到知识技能，自认是失败者，其言行令老师和家长痛心！学习本来是快乐的事，人生下来便有强烈的求知欲，当教育把学习变成痛苦的事，这便是反教育了。

* 教育是全人的发展，提供优良的环境，让学生各展所长，发挥潜能。德、智、体、群、美全面发展，为何只偏重智，而让拥有其他四项的天才被埋没、被挫败？我们必须重申教育的真正意义，并尽力在实践中实现这个理想。

你的补充

读书笔记

读书笔记

读书笔记

读书笔记

读书笔记